U0734849

网络经济时代
人力资源管理研究

孙 帅 ◎ 著

线装書局

图书在版编目（CIP）数据

网络经济时代人力资源管理研究 / 孙帅著. -- 北京：
线装书局，2023.8
　ISBN 978-7-5120-5624-4

Ⅰ．①网… Ⅱ．①孙… Ⅲ．①人力资源管理－研究
Ⅳ．①F243

中国国家版本馆 CIP 数据核字 (2023) 第 148781 号

网络经济时代人力资源管理研究

WANGLUO JINGJI SHIDAI RENLI ZIYUAN GUANLI YANJIU

作　　者：孙　帅
责任编辑：曹胜利
出版发行：线装书局
　　　　　地　　址：北京市丰台区方庄日月天地大厦 B 座 17 层（100078）
　　　　　电　　话：010-58077126（发行部）010-58076938（总编室）
　　　　　网　　址：www.zgxzsj.com
经　　销：新华书店
印　　制：河北创联印刷有限公司
开　　本：710mm×1000mm　1/16
印　　张：13
字　　数：272 千字
版　　次：2023 年 8 月第 1 版第 1 次印刷
定　　价：78.00 元

线装书局官方微信

前　言

　　网络经济是指以互联网技术和信息技术的运用为主要特征的经济。是建立在国民经济信息化基础之上，企业利用信息和网络技术整合信息资源并依托信息网络进行的研发、制造、销售和管理活动所产生的信息经济。它建立在信息流、物流和资金流的基础之上，依靠网络实现的经济活动。网络经济改变了企业的传统经营模式、经营理念。美国著名的经济学家赫伯特·西蒙教授曾经说过：经营管理的核心问题是经营，经营的核心问题是决策，决策的核心问题是创新。所以，在网络经济时代，企业的管理理念和管理方式必须顺应时势做出创新和改变，才能确保企业的正常经营。现在我们就来看看网络经济条件下对企业管理理念究竟带来怎样的影响企业又该如何应对呢？

　　网络经济可以理解为，网络经济的实质就是信息化、数据化和全球化；网络经济的核心是高科技创新及其带动的一系列领域的创新网络经济出现的现实环境是全球经济一体化。网路经济时代的来临，不仅从根本上改变了企业竞争的环境，而且更重要的是促使企业管理进行全方位的变革。只有彻底转变管理观念，才能进行管理方式的战略性转变，才能制定出适应网络经济时代的企业发展战略。

　　网络经济时代的到来给企业的人力资源管理带来了新的挑战和机遇。在这个时代，信息技术的快速发展和互联网的普及使得企业能够更高效地获取、传递和处理海量的信息。人力资源管理作为企业管理的核心功能之一，需要在这个新的环境下适应和创新。

　　由于作者水平有限，时间仓促，书中不足之处在所难免，恳请各位读者、专家不吝赐教。

目　录

第一章　网络经济的基本理论

第一节　网络经济形式、功能与特征

一、网络经济的定义和表现形式

1. 网络经济的定义

网络改变了人们的生活习性，各种计算机语言被大众普遍认可。斯科特·麦克尼利 (Scott McNealy) 里说："网络就是生意所在，就是未来所在，就是一切的关键。"

既然网络是一种经营，那么就与经济有直接的联系，而这种联系又能创造经济效益，这就体现了网络在这个时代的价值。因此，我们用网络经济来概括在互联网络上进行的经济活动。

就网络经济这一概念来说，目前尚无统一规范的定义。有的专家认为网络经济就是生产者和消费者通过网络联系而进行的经济活动，其主要特征是以信息产业和服务业为主导；还有的专家认为，网络经济是指互联网在经济领域的普遍应用，使得经济信息成本得以下降，从而导致信息替代资本在经济中的主导地位，并最终成为核心经济资源的全球化经济形态；而另外一些专家则认为，网络经济是基于网络技术而发展出来的、以多媒体信息为主要特征并形成的一种新经济潮流和形态，包括对现有经济规律、产业结构、社会生活的种种变革，是信息化社会最集中、最概括的体现。一般而言，我们可以把网络经济定义为通过网络（既包括具体的、有形的物理网络，又包括抽象的、虚拟的网络）而进行的一切经济活动的总和。

对于网络经济，我们可以从不同的层面来认识。从经济形态来看，人类文明经历了游牧经济—农业经济—工业经济—网络经济的发展过程。网络经济依赖的是以数字化信息网络为依托的全新的生产力。在网络经济时代，信息成为最重要的生产要素，这有别于游牧经济、农业经济和工业经济。因此，我们可将网络经济看作是目前人类社会最高的经济形态。

从产业发展的层面来看，网络经济是与电子商务紧密相连的网络产业。它既包括网络通信设施、网络设备和产品等硬件设施，也包括各种网络服务的建设、生产和流通等经济活动，还包括与电子商务有关的网络贸易、网络银行、网络商务活动。这也就是目前信息产业界人士所宣扬的互联网经济。

从企业层面看，网络经济可以被看成是一个新型的市场或超大型的虚拟市场，它为数量众多而又分散的微观经济主体提供了一个便捷、低成本的交易场所。消费者的可选择性使厂商必须生产出更具个性化和差异化的产品，厂商将告别单向设计、规模生产、重在推销的经营模式而转向与消费者交互式设计、小规模多样化生产、全球营销的柔性经营模式。

2. 网络经济表现形式

简单地说，网络经济就是网络驱动的经济，包括企业内部员工之间的交流活动，供应链上商业伙伴之间的交易，以及网络教学、远程医疗和政府服务公民方式的网上事务和活动。所有社会活动都将网络化。它不一定取代我们所熟悉的面对面的社会活动，而且会加强这些活动。网络经济本身又具有多种表现形式，包括以下几种：

（1）信息经济。这是网络经济之源。信息技术使经济建立在数据基础之上成为可能。当顾客观念、信息和技术成为产品的组成部分时，产品和服务的内容就发生新的变化。智能产品正开始改变社会的每一个方面，例如智能服装、智能卡、智能住房、智能公路、智能轿车，等等。资本虽然还是关键资源，却越来越蜕变为知识的一种功能，因为信息充满了万物之灵的智能。

（2）数字经济。这是信息在网络经济中传输的表现形式。在既有经济中，信息是模拟信号或物理的（或像尼葛洛庞帝喜欢说的"原子"）。人们传统的通信方式是：移动物理的身体去会议室，通过模拟信号的电话线交谈，发送原始制作的信件给其他人；在家接受模拟信号的电视信号，显示由当地图片商店开发的图片等等。在网络经济中，信息处于数字形式比特之中。当信息通过数字网络变成数字化时，一个充满新的可能性的世界就展现出来。大量信息可以以光速压缩传送，信息的质量可以远好于模拟信号传送，许多不同形式的信息可以被合成、创造，如多媒体文件。新的数字化应用被创造出来后，可以影响商务和人类生活的大多方面：今日的数字化电子邮件系统取代了邮局和物理的邮件；人们在家、在旅馆客房工作和在办公室工作一样有效；人类穿越时间和空间进行通信的能力将产生显著的影响。

（3）虚拟经济。这是利用网络而存在的非地理形式经济。当信息从模拟信号转向数字信号时，物理事物能够变成虚拟的这将改变经济时代的机构的类型及经济行为的本质，包括："虚拟外聘"（virtualalien），人们在一国经济中工作和合伙而地理上却位于不同的国家；"虚拟商苑"（virtualbusinesspark），网上的"家庭"商务资源帮助客户迅速创办虚拟公司；"虚拟办公"，任何地方对于流动的办公室来说都是工作的地方；"虚拟股票"，股票不需要移到某个具体的场所就可以交易；"虚拟仓库"，在网上仓库是不存在的，有的只是按顾客行程表送货；"虚拟村"，一群人不依赖于地理位置，只凭共同的目标和感兴趣的主题，共享一个网上村落，等等。

（4）网络经济。这是因网络成为信息经济、数字经济和虚拟经济的载体而构成的新经济体制结构。由于计算机网络是数字的而不是模拟的，由于网络从过去的主机模式转向基于互联网模式的点对点的联网，因而网络将产生出创造财富的新典范。当这样的网络带增长到足以承担完全的多媒体（包括数据、文本、音频、图像和视频媒体）时，这种新体制结构的机会将梦幻般地增长。属于互联网模式的网络将推倒横亘在供应商、顾客、姻亲集团和竞争者之间的高墙，继而崛起的是互联网络商务、互联网络政府、互联网络学习和互联网络就医，等等。离开信息的力量，网络经济将是不可想象的。所有在以知识价值对物质资本进行替代的地方，至少都不再把时间和金钱投在扩大中间环节上，而是力图在自己和服务目标间走一条最短的直线。

二、网络经济产生的背景

1.网络经济产生的技术背景

人类社会经济发展，归根到底是由生产力的发展推动的。在决定生产力发展的诸因素中，科学技术是最具影响力的决定性因素。马克思早在100多年前就明确指出：随着大工业的发展，现实财富的创造较少地取决于劳动时间和已经耗费的劳动量，而较多地取决于在劳动时间内所运用的动因的力量，或者说取决于科学在生产中的应用。在马克思看来，科学是一种在历史上起推动作用的革命性的力量。依据邓小平理论，《中共中央、国务院关于加速科学技术进步的决定》深刻地阐述了科学技术在社会经济发展中的重大作用：科学技术是第一生产力，是经济和社会发展的首要推动力量，是国家强盛的决定性因素。科学是人类在认识世界、改造世界的过程中创造的能正确反映客观世界的本质和物质内部结构及其运动规律的系统知识。技术是在科学的指导下，人们在生产实践和科学实验中获得的从设计、装备、工程、规范到管理等各方面的系统知识。技术直接应用于现实的生产力。科学的发展推动技术的进步，技术革命又推动科学的发展，二者相互影响、相互渗透，共同推动人类社会的发展。

迄今为止，人类社会经历了三次重大的技术革命，即农业革命、工业革命和信息革命。农业革命使人类社会从游牧社会过渡到农业社会，工业革命又使人类社会实现了从农业社会向工业社会的成功跨越。现在正在进行的信息革命是人类社会有史以来最伟大的一次技术革命。它以微电子技术革命为核心，扩展成一个庞大的高新技术群，包括电脑技术、通信技术、广播电视技术、多媒体技术、网络技术、软件技术和数字压缩技术等。在信息革命中，有三场革命具有更为重要的意义，它们为网络经济的发展奠定了坚实的技术基础。

（1）数字化革命。

所谓数字化革命是指将模拟信号转换为以"0"和"1"两个数字表示的数字信号，也就是用"0"和"1"将信息组成一系列编码的方法。这种利用"0"和"1"两个数字进行编码的形式在数学上又称为逻辑数学（离散数学），它是信息革命的基础和根本。因为，信息只有数字化，才能压缩集成，才能容纳无限大的信息量和以最快的速度互动传输。当今世界数字技术的广泛应用，已经证明，凡是信息都可以进行数字化处理。尽管经济运行中的信息复杂、多变，对信息的处理和分析难度很大，但依然能够进行数字化处理，经济运行一经用数字化来描述，便使得完成由工业革命的经济学向网络经济学的转化成为可能。

（2）计算机的发明。

1945 年第一台电子计算机的诞生，标志着信息网络智能时代的开端。这一时代是人类信息网络史上最为辉煌的时代，至少要持续到 21 世纪。这个过程按照技术的进步可分为如下几个阶段：20 世纪 50 年代到 70 年代，是电脑完善功能、应用普及的阶段。20 世纪 70 年代到今天，是计算机网络发展及应用阶段，其间最大的成就是造就了一个以处理器和操作系统为依据的工业标准化的微型计算机产业平台。这一功劳应归于美国的英特尔（Intel）公司和微软（Mi-crosoft）公司。没有英特尔开发的 80286、80386、80486 和 80586 等标准化的微处理器，没有微软公司研制的 DOS、Windows 操作系统，就不会有个人计算机的大规模生产和微软的相互兼容。1990 年开始，是多媒体的开发和应用时期。对于多媒体技术，目前虽无明确的定义，但人们已公认它是把文字、数据、图形、图像和声音等信息作为一个计算机系统来处理，其人机界面的媒体包括荧光屏、键盘鼠标、操纵杆、视频录像带、摄像机、音频输出入装置、电讯传送设备等。由于它只要有一台设备就能够起到电脑、电视、CD 播放机、传真机等多种功能的作用，因此市场前景十分广阔。毫无疑问，电脑的发明是人类信息网络史上最伟大的里程碑。这是因为它模拟人类大脑处理信息的过程，能够部分取代人脑的功能；多媒体技术可以使电脑变成"傻瓜"型，一般的公众不需要特殊的培训就能掌握；计算机网络发展将极大提高信息开发、传递和利用效率，达到信息资源配置的优化，它对人类社会经济的影响是无可估量的，必将从根本上改变人类社会的面貌。

（3）光纤技术的发明及运用。

光纤技术的发明，使信息传输容量和传播速度发生了革命性变化，仅一束像头发那么细的光纤就可以同时进行数百万次电话交换和数百次视频传输，而且传播速度每秒可达 30 万公里。光纤技术的发明为信息的传输和网络化奠定了坚实的基础。

光纤技术的运用主要是指通过光纤将计算机连接起来，也就是建设所谓的"信息高速公路"。所谓"信息高速公路"，是指时空全覆盖的高速计算机通信网络，是由美国的"全国数据高速公路"（nationaldatasuperhighway）变化而成的，其雏形是"互联网络"（Internet）。信息高速公路建设开始于1993年9月15日美国参议院通过的由田纳西州的参议员戈尔先生提出的一项法案。这项得到国会众议院批准的法案要求：此后的5年中，由联邦政府出资10亿美元在美国铺设光导纤维并加强巨型机及其程序软件的研究。1992年克林顿和戈尔搭档竞选总统和副总统期间，建立全国性信息网络的设想曾是向美国人做出的许诺之一。而次年1月克林顿上任后不久，就指示白宫建立了"信息基础设施特别小组"，作为领导人的戈尔经常与小组的其他成员讨论计划的制定工作。1993年9月15日戈尔和商务部长布朗在华盛顿正式宣布：美国将开始建设"国家信息基础建设"（National Information Infrastucture，简称NII），并动员企业界大量投资，计划融资额高达4000亿美元。该项计划宣布以后，日本等国不甘落后，纷纷筹划建立自己的信息高速公路，从此信息高速公路这个新名词传遍了全球。

信息高速公路的确切含义是什么呢？美国政府报告中有明确的定义："国家信息基础设施是一个能给用户提供大量信息，由通信网络、计算机、数据库以及日用电讯产品组成的完备的网络系统"，"国家信息基础设施能使所有美国人享用信息，并在任何地点和时间，通过声音、数据图像和影像相互传递信息"。不仅如此，NII还有更广泛的含义，它包含了通信卫星在内的广泛和不断发展的设备种类，其信息源的内容多种多样，信息服务应有尽有，有大量的应用软件和系统软件，有系统的网络标准和传输代码等。

与以往的信息传输系统相比，信息高速公路至少有如下特点：①信息高速公路是交互式的信息传递系统，这一点和现在的电话系统一样，而与有线电视不同。②信息高速公路是多媒体的信息传递系统，声音和图像的同步传递能使人身临其境。③信息高速公路的信息传输率远远超过现在的系统。通过信息高速公路把电信网络、计算机网络和信息资源网络"三网融合"，进而把政府机构、科研单位、图书馆、学校、医院、实验室、企业、金融场所、商社等等，乃至家家户户的计算机，以及大量的数据库、信息处理系统、传真机、电视、电脑等终端设备组合成完备的网络，用户坐在计算机前用手指在鼠标上轻轻一点，世界上任何国家和地区的信息资料就会立刻化成一串串的数字，以每秒 30 万公里的速度通过光纤、微波来到荧屏前，最大限度地实现信息资源共享。

2. 网络经济产生的经济背景

信息革命只是说明了网络经济产生的技术背景和社会物质基础，并没有说明市场经济主体为什么要入网；只说明了网络经济产生的可能性，并没有说明其必然性。网络经济学产生的必然性要靠经济分析加以说明。市场经济主体之所以入网从事经济活动从而产生网络经济，最根本的原因在于交易费用的差异和网络效应的存在。按照罗纳德·哈里·科斯（R.H.Coase）的分析，交易费用是获得准确的市场信息所需要支付的费用，以及谈判和经常性契约的费用。交易费用在市场经济中是不可避免的，这是由信息不对称和信息不充分所决定的。正像企业的存在是为了节约市场交易费用，即用费用较低的企业内交易替代较高的市场交易一样，网络经济的存在也是为了节约交易费用，即用费用较低的网络交易替代费用较高的市场交易。网络经济主要是通过以下途径来降低交易费用的。

（1）信息成本的减少。在普通的交易过程中，信息交换的次数将随着交易主体数量的增加而成接近几何级数的比例增加 [交易主体数为 n，则信息交换的必要次数为 $n \times (n-1)/2$]，这使交易费用大幅度上升。如果信息交换不是主体间个别进行的，而是通过信息网络的中央系统进行，那么信息费用就会大幅度地减少。例如，交易主体数为 10，通常的信息交换次数则为 $10 \times (10-1)/2=45$，如果通过网络信息系统进行，则交易次数仅为 10，这样，交易费用就可以降低到原先的近五分之一。

（2）结算费用的节约。如果信息网络内部设有结算功能的话，就可以在网络内部完成交易结算。因为结算工具除了现金和支票外，还可在网络上使用电子货币。网络经济的结算功能正是得益于这种电子货币以及配套的金融制度。在网络金融不断发展的情况下，通过网络决算系统进行远距离的汇兑，更能够大幅度降低结算成本，特别是增值通信网（valueaddednetwork）的发展将产生显著的效果。所谓增值通信网，不是单纯地传输信息，而是提供带有附加价值的、经过加工处理的服务信息。例如，传输一些产品的市场容量变动趋势和价格变动趋势的预测信息，提供股票、期货、外汇交易行情和多种类的经济活动变动趋势等等。增值通信网把服务信息的接受、传递，同结算信息融于一网，及时自动结算，可极大提高结算效率。

（3）库存费用的削减。信息网络化对于生产销售领域可以带来一系列的积极结果。如订货、发货业务的自动化，厂家直接销售业务和网络商场的发展，生产、批发、零售的联网管理，这些都可以降低库存、减少积压、提高效益。

三、网络经济的功能和特点

1. 功能

（1）网络经济改变了基本的经济因素，网络使得事务处理费用大幅度降低。全球各航空公司统计，出售一张机票的平均费用是 8 美元。如果在网上订票，那么处理费用将降到 1 美元。

（2）破除了诸如时间和距离等限制市场机会的壁垒，这表明网络彻底改变了竞争的性质，这一点对中国尤其重要。网络世界还使得竞争更为公平，特别是对于小企业，这是以前的信息技术所没有实现的。

（3）重新定义传统的流通模式。使得处于产品生产商和最终消费者之间的企业必须重新思考它们的价值，因为网络使得生产商和消费者的直接交易成为可能，尤其是那些小宗的产品和服务。

与流通密切相关的一个问题，是网络经济给品牌管理带来的影响。这种影响是双重的，网络使得商家得以扩展其品牌的影响力，同时网络也给品牌标识带来威胁。任何一个建有网站的企业，都可以在全球任何一个地方向稳固的品牌发出挑战。

2. 特点

德国《明星》画刊 1998 年 5 月 20 日刊登了《数字化世界的经济秩序》一文。该文作者沃尔特·艾萨克森详细论述了数字化时代的经济特征：

（1）它是全球性的。今天，金钱可以超越一切边界。投资者每天按几下按钮就使 1.5 万亿美元资金和 15 万亿美元股票在全世界流动，从而使一系列国家听任投机者获利欲望的摆布。

（2）它是联网的。不论是意大利的提包还是香港的时装鞋，都可以通过鼠标操作订货；办公室工作或软件的开发都可以请爱尔兰或印度的廉价工作人员去完成；印尼巴厘的孩子病了，可以请洛杉矶的医生做出诊断。

（3）它的基础与其说是商品，不如说是信息。在网络经济世界里，产品的价值取决于有关企业的智力资本。在美国，这一点可以从1990年到1996年生产部门的职工下降1%上看出来，而美国劳务部门的职工在这段时间内增加了15%。

（4）它的组织是分散的。在晶体管发明出来的时候，乔治·奥威尔在他的作品《1984》里写下了最具噩梦性质的担心：技术在这本书里变成了一个极权的怪物。但后来的事实正好相反：全球联网加强了民主以及个人的权利和可能性。

现在任何人都可以通过互联网发表信息和评论，电子函件的推广可软化严格的等级制度。权力集中的原子时代的象征是一个带电子的原子核，这些电子按一定的轨迹围着原子核转；数字时代的象征是有无数联结点的、普及全球的网络，这些联结点是相互联网的。

（5）它起到促进开放的作用。控制信息、压制思想、孤立社会变得更困难了。联网的世界可促进思想、市场和贸易的自由。

（6）它是高度专门化的。迄今的经济秩序着眼于规模生产、批量推销和大众媒体：在集中的车间里生产出大批产品，大的演播室和出版社播送和出版娱乐性的和提供信息的内容。今天的产品可以按个人的要求生产。您的企业是否需要百分之百符合您的特殊要求的钢？肯定有一个可满足您要求的、以非常现代化的技术装备起来的小型厂家。您是否想了解与您在一般报纸里所看到的不一样的意见和观点？没有问题，有数以千计的网址和个人信息产品供您选择。

第二节　网络环境下的经济导向

一、网络经济成为主流经济

以下四种要素结合起来将使网络经济成为主流：

（1）市场。数以千万计的互联网用户群从 30 岁以下的男性发展开来，并开始与主流人群息息相关。网络用户中，增长最快的部分包括青少年和老年人。

（2）计时。因 2000 年问题而引发的早期计算机的系统问题给企业提供了把内部技术转换为互联网技术的绝佳机会。一些公司不愿调试旧的应急系统，而是干脆将主机设备转向了基于网络的系统。

（3）行为。随着企业采用内部网并转向电子经营，公司消费将会发生极大的改变。企业要培训员工如何在线订购，这些人同时也就学会了如何从电子化商店购买自己所需的个人物品。

（4）价值。迄今为止，最重要的因素是网络买卖的经济性，存货和送货成本可以大大降低。全球送货也将能够实现，且成本远远低于普通的市场营销方法。随着新的交易方式的发展，在线拍卖、自动推荐、自动货物补给等都会出现。这些将永远地改变买卖双方的关系。

二、网络经济成为主流经济的原因

1. 价值规律作用

网络经济成为主流经济的主要原因是销售者成本低，购买者价格便宜。划算的价格和购买的简便让对价格敏感的购买者难以漠然置之。从产品制造到产品消费的渠道大大地压缩了，数字化的做事方式更廉价；许多时候，在线价格往往低于别处的价格。

在网上你可以找到刚刚发布的最优惠的航班班次。航空公司把优惠信息发布在公司的网址上；有的航空公司每周定时通过电子邮件通知注册用户。可以省多少钱呢？美洲航空公司从波士顿至费城的全程往返机票价格为 89 美元，仅为从旅行社购买的常规票价的一半。

2. 细分化产品

网络能够使企业生产出在传统产业体系里既不经济又不可行的全新的产品集合。

许多时候，这些产品只是现有产品集合的次集合，是从整体中分离出来的一部分。

在网络未来中，小额支付机制将越来越通行；消费者可以按极小的份额购买产品与服务。信息产品尤其如此，可以不断进行组合和再组合。

美国律师事务公司要花数千美元从马休·班德（Matthew Bender）法律出版社购买参考书籍和电子读物，如果使用网络，律师事务公司就可以只需要检索自己所需的材料。"即查即用大全"（Called Authorityon De-mand）计划允许顾客购买班德出版的书籍的某些章节，价格在 5.95 美元至 35 美元之间，具体价格由章节的大小确定，买卖通过信用卡进行。

3. 电子消费者行列

新的交易方式缔造了信息灵通、要求严格的消费者。这些娴熟的网上购物者，被称为新式"电子消费者"。这样的电子消费者将要求他的目标公司送货更加快捷、交易更为简便，甚至在非电子竞争市场上，他们也要求了解更多的客观信息。

电子消费者的行为不是唯一的、单向的。人们在家中和上班时都访问的网址重合率仅为 13%，而且大部分是如搜索引擎和 Netscape 之类的入口或导航港。企业用户访问同一站点的情况较为频繁，而在家中用户往往漫游于更为广泛的选择项中。网络未来的电子消费者会是什么样子呢？其特点如下：

（1）电子消费者信息灵通。网络未来是所有人享有所有信息的时代。绝大部分的网上消费者都认为网上查询对于做出购买决策甚为重要。如果企业不给客户提供所需的信息，消费者会到别处查询到——并有可能从那里购买。权衡价格和比较产品的机会无处不在。

搜索引擎雅虎（Yahoo!）和网景（Netscape）等公司与主题网站的合作伙伴关系使新型消费者能够找到所需的准确的服务内容。还有一些服务机构替消费者进行自动比较。WebPricer 可使消费者输入自己的电话费单信息后，即可获得 7 家长途电话公司费率的自动比较，用户据此可以判断选择哪一家公司能够取得最佳成本效益。

（2）电子消费者有更高的要求。大约一半的电子消费者认为方便和廉价是网上购物的两大原因，其次是可购产品的多样化。这些要求不可能仅仅停留在键盘上；习惯于自己寻找所需要的书并希望随后就能拿到的顾客是不会有耐心在下线后等上一周的。

（3）电子消费者之间相互交流信息。传统上，个人意见对消费者有极大的影响力，尤其是在大宗或贵重物品的选购上。聊天室、电子公告栏、新闻组和个人网页中的信息都有机会影响到某一项购买决策。一种名为推荐系统的新技术可使消费者自动获得其他消费者的推荐。

4.行为的调整与变化的期望

自动取款机（ATM）刚问世时，有人说，不会有人用的，人们宁愿跟"真正的人"打交道。现在，企业却花钱使用这样的机器。但是，这需要时间来改变习惯，一旦人们意识到它的好处之后，使用 ATM 的习惯就渐渐融入了他们的日常生活之中。网络也不例外，尝试网上购物的消费者肯定会越来越得心应手。例如，网上音乐零售商 N2K 拥有的"音乐大道"（MusicBoulevard）的 50% 的顾客都是回头客。

三、主流化的网络经济改变了什么

网络经济对未来经济的改变主要体现在以下八个方面。

1.网络经济将加快经济增长方式从粗放型向集约型转变的步伐

网络可以大大提高生产效率、流通效率和工作效率。网络可以大大减少交易成本，缩短生产厂商与最终用户之间的距离，改变传统的市场结构；网络可以简化商品流通环节，降低费用，节省流通时间和流通成本，提高交易的效率；网络能够迅速将有价值的信息如最新产品信息，以最快的速度、最低的成本传递给需要的客户，从而取得竞争优势；网络可以使政府和企业及时了解国内外的投资、融资、项目和市场等情况，避免盲目引进、盲目投资和盲目建设的现象；网络可以使资金能够在极短的时间内为企业服务，加速资金的周转，提高资金利用率；网络可以使企业以最快的速度获得最新的技术信息，从而避免自己的盲目研究与开发，也可以使企业尽快利用新技术，提高劳动生产率；网络可以促使企业进行技术创新并重视人才，使人力资本和知识资本的利用得到更加充分的发挥。

2.网络经济将逐步成为发展中国家经济增长的主要支柱

从目前来看，网络经济对于发展中国家来说还只是刚刚起步，更多的只是概念，仅从市场需求极大的网络产品来看，市场上几乎是"洋货"的天下。网卡产品主要有 3Com、Intel、IBM、D-Link、HP、Acctom，集线器以 3Com、Intel、IBM、D-Link、HP 和 Bay 为主，调制解调器以 Hayes、Motorola 等品牌为主，路由器以 Cisco、3Com 等品牌为主，以太网交换机市场上 3Com 与 Cisco 左右乾坤，ATM 交换机在国内的市场也是被 3Com、IBM、Cisco 等"列强"瓜分，布线系统也难觅国产品牌的踪迹。网络经济在中国也只能说是初露端倪，发展模式还只是处于探讨之中。网络经济涉及多领域的技术，主要包括：电子支付技术（脱机付款、联机信用卡直接付款、联机虚拟货币付款和电子资金转账）、智能软件代理技术（在给定相关的知识、态度、信仰的情况下，就可以自动处理外部环境中的信息）、网络通信技术、安全技术（防火墙技术和数据加密技术为主）、电子数据交换技术 [如电子数据交换（EDI）、电子函件]、数据共享技术（如共享数据库、电子公告牌）和数据自动俘获技术（如条形码）。而这些技术目前在我国都有待于进一步研究开发和创新深化，可以说，无论哪一方面的重大突破都可能孕育着巨大的商机。

我国在网络经济发展中除了国际上一些共性的东西以外，还面临着许多具有自身的问题，比如，金融体系支撑不足；国内互联网的运行质量差，速度和可靠性存在较大问题；企业和居民的计算机普及率还不够高；政府部门的管理体制和运行机制不适应，有关电子商务方面的政策有待完善；信用体系尚未健全，信用心理不健康；购物观念、习惯和方式比较保守和陈旧，存在"不见兔子不撒鹰"思想；语言存在较大障碍；配送体系不健全，物流成本太高等。

这些问题随着我国有关法律的建立和完善、投融资体制的进一步深化改革、资本市场的进一步规范、人们消费观念的逐步转化、各地和各部门对网络经济的推动和投入，都将得到有效解决。

与此同时，随着我国政府"科教兴国"战略的大力实施、技术创新体系的逐步建立和完善、国民经济和社会服务信息化工作的深入开展，以及鼓励网络经济发展政策的相继出台，中国的网络经济一定会在不久的将来成为国民经济新的增长点和主要支柱。

3. 网络经济将促进产业结构的优化升级

许多专家认为，现在的第三产业过于笼统，应该从中单独分离出，第四产业，或者称为信息网络产业。21 世纪产业结构变化的总趋势是物质生产部门所占比重下降，知识服务部门所占比重上升。21 世纪初，物质生产、网络、知识服务三大部门的产值将各占 1/3。中国电子信息产品向数字化、网络化和智能化发展的趋势不可阻挡，网络产品及与网络有关的产品将快速发展，电子信息产品本身的结构将进一步优化；网络技术与其他高新技术产业相结合会产生许多革命性的产品，比如将来的生物芯片或基因芯片可能根据人的需要安装在人体的某个部位，医生则通过互联网随时实施跟踪观察治疗；网络技术可以与我国传统产业广泛深入地结合，大大促进传统产业的升级换代，使许多传统产业重新焕发出勃勃生机，比如在商业、旅游业、交通运输业、采掘业、测绘业等中，互联网都可以发挥重大作用。目前，业内人士提出所谓"后 PC 时代"、"大 IT 时代"、"新 IT 时代"的概念，认为其生产的主要原因就是互联网与其他高新技术产业、传统产业的融合。

4. 网络经济将缩短地区之间的差别，使欠发达地区实现"后发优势"

由于网络经济对机械设备、厂房、区位、基础设施等要求不高，只要有优秀的人才、一定的资金、一个好的概念和相当的技术就完全可以"描绘美丽的图画"，落后地区完全能够依靠网络"后来居上"，不必走传统经济的发展模式。许多发展中国家在工业化过程中通过"后发优势"实现了国民经济的现代化，赶上甚至超过了许多发达国家，跨入了发达国家或先进国家的行列。发展中国家在国民经济和社会服务信息化的过程中更应该存在"后发优势"。当然，各国的具体发展路径可能由于国情不同而各异，各国的发展战略也会不尽相同。因此，网络经济在我国"西部大开发"战略中一定会大有作为，"西部大开发"也迫切需要有与当年沿海地区开发开放所不同的新思路、新方法，迫切需要网络经济与传统经济紧密结合。

5. 网络经济将优化就业结构

人们常常把网络经济和知识经济联系在一起，认为网络革命将大大超过蒸汽机革命的影响。在这场新的技术革命中，人力资本将受到广泛重视，各国均会采取针对人才的激励措施，盘活人才"存量"，努力扩大人才"增量"，人将得到彻底的解放，人的潜能可以得到最充分的发挥。

可以说，各国与网络相关的就业人数会大大增加，尤其是与网络相关的服务业的人数会激增。在网络经济的冲击下，人们会自觉地提高自身的素质，发出"我要学习"的呐喊，以适应社会发展的要求，就业者的知识、技术等含量也会迅猛增加。而对知识、技术要求较低的行业将逐步萎缩，就业人数也会相应减少。

6. 网络经济将使广大消费者享受到越来越多价廉物美的商品和越来越优质的服务

由于网络时代技术革新突飞猛进，因而产品的生命周期越来越短，产品和服务的价格不断下降，这十分有利于控制通货膨胀，消费者的实际购买能力可以大大提高。网络可以加剧"国内竞争国际化，国际竞争国内化"的格局，激烈的竞争可以使企业不断采取新技术、新工艺，挖掘企业内部潜力，尽力生产和提供顾客最需要的产品和服务，这样就可以大幅度降低商品和服务的价格，促使信息服务和其他各种服务的多元化。在网络时代，消费者可以比在传统经济中享受到更多更优质的商品和服务。

7. 网络经济将促使企业之间相对公平地开展竞争

网络可以改善市场准入条件，降低新企业的进入壁垒，有利于打破大企业的垄断，使小企业和大企业在相对公平的基础上开展竞争。进入壁垒低也是目前网络公司如雨后春笋般成立的主要原因。几乎所有的行业都关注网络，生怕落伍，大有"先到为君，后到为臣"的味道，大家不管今后是盈是亏、是福是祸，先"圈地"，后"建设"。

8. 网络经济将加快全球经济的步伐

目前，经济全球化的趋势越来越明确，投资自由化、金融自由化和贸易自由化势头非常迅猛，其主要推动力量一方面是跨国公司、世界经济贸易组织（世界贸易组织、国际货币基金组织和世界银行等），另外一方面就是以信息技术为代表的科技革命的作用。网络经济跨越了空间和时间，可以说是真正的"无国界经济"、"跨国界经济"，网络经济可以使更多的外国企业和消费者进一步了解中国，熟悉中国的企业，购买中国的产品，享受中国更加优质优价高效的服务，并与中国开展投资、贸易和金融活动。网络可以使公司实现跨地区跨国界的交易，使公司在网上与世界各地的许多公司进行买卖；网络可以使公司开展和维护与国际客户的关系，随时进行多向互动式交流；网络可以使国内企业更好地开拓国际市场；网络还可以塑造中国企业形象和传播中国企业文化，彻底改变许多国家投资者和消费者对中国产品的误解，更有利于改变对中国企业的误解，有利于中国企业和产品创国际品牌。

第三节　网络经济的核心价值

网络经济的产生与发展可能迫使我们要重新定义经济学中的一些核心概念。一些经济学家，诸如塔库马·阿曼诺和罗伯特·布洛姆等估计，网络经济本身要为全球经济的全面扩张起作用。信息网络技术的进步带动着经济发展这种看法并不是什么新东西，但是像保罗·罗默这样的经济学家却认为，数字化改变了头脑中的一些旧思想。数字化的世界已经从分配稀缺的资源限制中解放出来，因为重新安排所有这些1和0的范围是无限的。如果运用于信息网络技术的新思想促进了经济增长的话，那么由此引发的经济学的变革，同样会产生新的经济价值理论和方法。

一、信息生产的经济价值

1.信息产品的首次创作成本

在纷繁复杂的经济理论中，信息是一种公共产品。生产一定信息的成本并不依赖于多少人在使用它，而且一个人的使用并不阻碍和影响他人使用。

（1）首次创作成本之源

在印刷行业，与信息的发明相联系的成本属于公共产品的范畴，它被称作"首次创作成本"（firstcopycost）。也就是说，生产一个新的信息产品需要一些完全独立于与产品如何广泛使用相关的工作。在报业，"首次创作成本"包括记者、作家、编辑及开印前的一些人工作业。附加的成本被称作传播成本，它与报纸的真正印刷及发行有关。这些成本取决于卖出多少份报纸。报业的传播成本包括印刷时使用的机器、印刷工人使用机器的时间、印刷时花费的纸张和油墨及发行报纸时的人工和运输工具。包含在印刷及发行的报纸中的资源量与所印刷的报纸数量形成一定比例，因此，一次印刷中增加产量的机会成本实际上是另一次印刷中所减少的机会成本。

为了阐述信息产品成本结构的重要性，我们可以考察一下地方报纸。一家报业公司拥有发行量各为 10 万份的 5 份报纸，另一家拥有发行量为 50 万份的 1 份报纸，结果是 5 份报纸需要 5 个"首次创作成本"，而一份报纸只需要 1 个。如果 5 份报纸又截然不同，满足于不同的消费者及广告商，那么 5 个"首次创作成本"会比 1 个带来更多的社会收益。这一例子告诉我们"首次创作成本"产生了一种规模经济或自然垄断。

（2）首次创作成本在信息生产中的重要性

信息生产中规模经济的重要性在于"首次创作成本"与传播成本比较时的相对重要性。如果和传播成本比较起来平均每位读者"首次创作成本"较低，或是由于有大量的读者或传播成本确实较高，此时如果厂商减少数量，价格只会小幅下降。在这种情况下，产品多样化需求的压力会非常小，因为每一位消费者的成本补偿非常小。

在信息生产中科技进步的本质会对信息产品的多样化和差异性产生影响。假如发行技术的进步快于生产"首次创作成本"技术的话，其中影响之一就是降低使用成本，从而将扩大使用范围，并且随着"首次创作成本"均摊到更多的用户上，价格还会进一步下降。这一影响将使印刷品的多样性变为可能，另一影响是为了维持发行正常运转下去，"首次创作成本"将会增加，并进而增加价格差异的百分比，以保证产品多样性的同一程度。这一影响将导致如下结果：差异不多的产品、"首次创作成本"投资减少、每单位产品价格的下降以及每种产品的更大量的发行。具体哪一种影响作用更大，将取决于成本结构变化的幅度和多样性需求的深度。

就报纸而言，技术进步大大地降低了发行成本而非"首次创作成本"，结果是报纸品种减少而平均发行量却上升了。而杂志的发行成本则不断上升，这是因为杂志的基本发行方法是通过邮局，而邮政的补贴近年来在不断地减少。这将使大多数出版物的发行战略进行调整。杂志寻求同类的、相对较为狭窄的读者群，从而降低发行量但却从追求某类读者的广告商那里得到了补偿。

对于出版业的各种信息产品而言，"首次创作成本"和生产成本之间的区别是太为普遍了。信息产品中的创造部分通常属于公共产品，因为它们的成本不决定于最终的使用。信息的传播和使用必然会包含与每个人相联系的成本。

对全部信息产业而言，成本的改变将对产品的数量和差异性产生极大的影响。这在以上的印刷业中已经举例说明。譬如说广播和报纸、杂志、书籍比较起来，其发行成本要低于"首次创作成本"。假设在所有媒体中消费的差异性需求是基本一致的话，那么对于广播业的多样化需求要低于出版业。在电信业，信息传播成本的大规模降低增加了数据分享的吸引力。例如，如果记录必须用文字保存并由人员亲自管理的话，那么每个办公室都必须保持它的记录。电信传播成本的降低和计算机记录下的规模经济引起了记录保存的中心化、标准化，从而减少了差异性。

（3）信息产品争论的中心问题

关于信息产品的大多数争论源于信息生产的简单经济事实。问题的中心是完全有效率的信息生产和传播是不可能的。如果一个信息产品必须包含它在市场上的全部成本，那么其价格必须包含与私人使用相关的私人成本以及一部分与生产相关的"首次创作成本"。但随着价格的提高，消费将会下降，从而使那些愿意接受高于私人成本价格的消费者只接受私人发行成本以下的价格。因此通过价格体系，"首次创作成本"会减少信息使用的广泛性和信息生产的不完全性。

那么随之而来的问题是对一个信息产品的付费要高于私人发行成本。如果产品能被复制的话，使用者可通过"授权"或"合法"复制原著，从而避免承担"首次创作成本"。在这种情况下，不仅创作者很理智，而且对于一个不愿付出全价的使用者来讲也可以提高效率。当然，如果有足够的使用者避免支付全价的话，"首次创作成本"就不能得到保障，社会上信息产品的生产就会减少，尽管在这种情况下发行的效率会大大地提高。

在这种情况下，私人市场并非无济于事。在某些情况下，信息的生产者可使信息产品在复制时存在着致命的风险。一种方法是改变产品，诸如编写一套保护程序或使用一种不能完全被复制下来的印刷程序为产品提供保护；另一种方法是通过公开的知识产权保护政策。一般来讲，这些方法都需要增加额外的成本。最好的结果也只是进行一下改善，并不能解决效率问题。一个受保护的产品其价格肯定要高于发行的最低成本，甚至还要包含一部分"首次创作成本"。

电视业提供了一个极好的防止非法使用的例子。电视节目可以通过信号隐藏来得到保护。然而对将节目自由传送给收视者来讲，这个过程的成本过于昂贵，因为对每台电视机进行扰频和除频都需要较高费用。开始时，电视业并不采纳这种方法，而是通过自由收看来扩大观众群和广告的收视人数。但有线电视及卫星传输的出现，以及消费者收入的不断提高改变了电视商的收益最大化策略，因而限制用户使用已变得越来越普遍了。基本上，电视商因限制收看而增加的成本与因观众减少而少收取的广告费用被从用户中收取的费用抵消掉了。

公共信息的提供其困难在于它是否能解决效率的第二个问题——有效率地使用知识；很明显，它不能解决第一个问题，那就是生产适量与适度的新信息。研究与开发领域提出了两个议题来解释第一个问题的本质。

研究与开发政策的一个议题是，基础研究者们追求对社会有很大价值的新知识，还是只研究他们感兴趣的课题。对研究的公共支持不在于它给研究者带来多少财富和幸福，而在于它在多大程度上改善了他人的生活。超级超导对撞机究竟是美国下一代技术发明的金钥匙，还是只是几千个科学家手中价值昂贵的玩具。政策问题的本质是，在我们实际去建造超级超导对撞机以前，不能肯定地回答这个问题，除非我们先去建造它，因为基础研究的结果不可测。社会如何确保项目能与社会反应方式相呼应而又不损害发明和研究者的效率，这也许是一个严肃的而且永远难以得到满意回答的政策问题。

另一个关于研究与开发的议题是"选取胜利者"的适应性。这主要指政府所倾力支持的商业研究项目是对社会有极高价值而私人企业又不愿从事的项目，因为这些项目的成本在市场上不能全部得到补偿。这确实是一个问题，因为政府官员并不知晓究竟哪些推荐项目会推动商业技术。

关于研究与开发的这两个核心问题对各种形式的信息生产都适用。另一种极端的情况是，支持文化产品与政府机构相联系的基本问题，如公共广播事业和国家艺术资助事业。在这种情况下对公共支持来讲就不仅仅是像其他信息产品一样缺乏艺术品。一个前提是，政府既不需要满足私人艺术家的品位（让他们自己依照个人的兴趣谋生，而不是去创造什么公共产品），也不需要让政治上的支持和反对者而不是产品的优点来决定分配，即可解决这一问题。研究与开发的核心问题是如何在事先知道哪种信息值得生产，以及在一个狭窄的圈子内而不是在更为开放的产品评定体系内做出选择时所面临的困难。

二、信息网络技术的经济价值

1. 信息是一种特殊的经济资源

1949 年，克劳德·申农（ClaudeShannon）把信息定义为不确定性的减小。因此，信息的使用价值含有一种主观的成分。与有形资产不同的是，信息的价值往往随着（选择性的）大家对信息的共享而增加；而且，信息不会因为被使用而贬值或废弃，尽管它也许会随着时间的推移而过时。另外，信息不是一种独占性的商品，也就是说，你可以在不放弃它的同时传送给别人。由于信息的这些特点，信息的经济价值理论一直没有发展起来，这意味着目前没有任何理论可以用来决定增加一个价值单位的信息输入会带来多大价值增量的输出。

这说明了信息价值的测量手段的缺乏。由于美国管理实践上有一个基本原则，即"如果你无法测量它，那么你就无法管理它"，所以信息很少被作为创造财富的资源来管理——用奥尔德斯·赫克斯利（AldousHuxley）的话说，就是"信息能够完善一种真理标准在方法论上的不足之处"。

信息网络技术就如同信息本身一样，是一种特殊的经济资源：与能源技术那样的资本消耗型技术相反，信息网络技术是资本保持型的技术。

根据申农的定义，提高信息的价值意味着提高信息减少不确定性的能力。信息网络技术通过它的发展速度——速度持续增加，而每个单位的增加所需要的成本越来越少——来提高信息的价值。技术，这个生产力的发动机在过去40年一直以每年25%的总体增长速度发挥着越来越大的效力，而且，在今后10年中将以同样的或者更高的速度继续发展下去。

2. 把信息和网络技术同经济价值联系起来

（1）信息的数字化

信息在能够被数字计算机处理之前必须实现数字化。在这个过程中，有些信息会丢失，就像许多音乐迷们在听激光唱盘时所感觉到的那样。声音、图像、压力、光谱分析以及其他许多"现实世界"的信息资源的模拟信号在处理过程中被转化为数字信号。在某些情况中，这些信息被"美化"了，也就是说技术以一种把更多意义传达给人类的方式创造着信息，对"真实的"信息进行了夸大或补充。1989 年，我们在家看到的海王星和它的卫星图片不是任何一种摄像机拍摄出来的，也没有任何人类宇航员会亲眼看到那些图景，而是计算机合成出来的效果。计算机对来自可见光谱之外的、用多种仪器测到的信号加工处理，展示给人类一幅直观的画面；比起那些无线电遥测仪打印出来的结果，计算机制作出来的图景对人类更加有意义得多。

某些数字化的信息可以被编码，即被转换为具有标准意义的符号——就像字母和数字那样。这使技术可以表现为人类记忆的延伸——如同书籍对于人类的作用那样——和人类推理能力的扩展，而后者书籍就做不到了。与望远镜、显微镜、雷达和声呐这些拓展我们视觉和听觉的技术相比，这种智力上的增强使信息技术对于人类的意义要更加深远。

网络技术可用于对信息的捕获、数字化、编码、存储、处理、传递和表达。这些基本功能提高了信息的潜在价值。信息的使用价值由信息的适用性、精确性、时效性、完整性、易用性、可获得性和"可整合性"（integratability）这些属性所决定，当然这些属性也会受到网络技术的影响。

使用价值在很大程度上决定于信息对所研究问题具有多大的相关性。"相关的"信息应具有和所研究问题的来龙去脉相一致的内容。反过来，信息的内容和意义从信息的结构中产生，比如说关于信息的信息。

（2）信息结构的一般等级划分

①事实（facts）：在一种真理价值观下得到的观察资料（比如，某一家电产品在广州和武汉两市的销售量下降了）。

②关联（context）：关于事实的事实。

③信息（information）：关联中的事实（比如销售量仅在这两个城市下降了，因为在这两个城市同时出现了四种不利的因素：我们抬高了价格；竞争者宣传推广新产品；天气不合时宜地变冷了；新房屋的销售量急剧下降了）。

④推理（inference）：运用思考、理解能力的过程。

⑤智力（intelligence）：对信息进行的推理（比如，多线条的衰退分析表明销售量与我们和最近的竞争对手之间存在的价格差异有着极大的关系）。

⑥确证（certitude）：既建立在主观基础上，也建立在客观基础上。

⑦知识（knowledge）：对智力的确证（比如，销售量在广州和武汉两市下降是因为在一个竞争对手以低价格促销其产品而打入市场的时候我们却抬高了价格，近四年来这种情况在其他城市里发生过三次）。

⑧综合（synthesis）：各种不同类型知识的合成。

⑨智慧（wisdom）：综合了的知识（如坚持对竞争对手在价格和促销活动方面的预测，并把它作为我们制定价格过程中认真考虑的一部分）。

粗略地看，从"事实到智慧的等级划分"和某些信息系统的专业术语之间存在着一个非常有意义的对应——至少这种对应一直存在到"知识"等级。比如数据可以说相当于事实；数据库和数据模样相当于信息；专家系统或算法程序相当于智力。因为确证通常带有相当大的主观成分，所以说信息网络技术能够"知道"一切是否有意义还有待商榷。然而，利用技术可以设计一个我们称之为学习的"共同的大脑"，它对一个系统在各种各样预见到的情况中应该如何表现"了解很多"。

MicroMentor公司的总裁埃里克·沃格特（EricVogt）指出了信息等级和学习之间的关系：在这个结构中，等级越高，你所要学的东西就越多。组织的"学习循环"过程就是感知—解释—决策—行动的循环往复。这里可以简单地画一个草图将信息等级结构和"学习循环"结构对应起来：事实可以被感知；信息和智力对于解释事实之间的关联或意义是必不可少的；产生知识的确证可以提高决策制定过程的质量；而在智慧引导下的行动必然是优化的选择——尤其是当存在更多的智慧能把一个学习循环的各个过程连接成一个自我增强型循环的时候。

3. 信息网络技术如何作用于信息并提高其价值

（1）信息网络技术与信息价值的改变

仅仅通过对信息更快速地加工处理，信息网络技术（IT）就能改变信息的价值。更快的速度意味着在给定的时间里可以在更深层次上探求更多的决策选择方案，从而对做出的选择更具有管理上的信心。这意味着，可以更快地得到一个给定的选择方案，从而使管理者能够更及时地做出决策，因为他们更迅速地掌握了他们需要知道的东西。利用速度的提高在同样的时间里做更多的工作，或者以更少的时间完成相同的工作量，自从机械计算器、拣信机和制表机出现以来，这一直是对信息网络技术投资的理由所在。但是这种情况正在发生改变，信息网络技术所带来的主要的价值增长，越来越决定于信息网络技术在多大程度上被用于组织、管理及连接信息源和信息用户这些因素。

可以利用信息网络技术把更多的信息源和信息用户联结起来，从而使信息更加包罗万象。对更多事实的更多细节以更高频率进行采样，可以成为重要的、可持续的竞争优势的基础。

企业对"那里正发生什么"的更多感知意味着争取市场各分区中的大客户的能力的提高，这些市场分区对企业的竞争来说坚如磐石。在某些情况下，这种策略已经改变了一个产业内部力量的平衡。当麦克森公司和美国医疗用品供应公司（现在是百特公司的一部分）刚开始启动它们的 ECONOMOST 系统和自动统计分析程序的时候，制药业的产品只有 47% 通过批发商分配出去。但现在这个比例已超过了 80%，而且仍在继续攀升。在各种行业里，零售商（如沃尔玛）、批发商（如麦克森）、制造商（如 Progressive，贝尔·斯特恩斯）或者第三方（如ADP）都通过主动地捕捉客户反馈的信息这种做法在市场上赢得了实力和影响。

（2）信息网络技术与信息交流、信息共享

把用户互相连接起来还能促进知识的交流，而且信息网络技术实现的网络组织形式，已经显示出与消息灵通的人和最新的信息"连接"在一起本身固有的强大的潜在优势。

信息交流的一个重要外延是信息的共享，这便于实现许多参与者之间的协调行动。信息网络技术可以通过这样一种方式组织和综合信息，用户及其请求对数据有一个共同的考虑，并因此对"那里正在发生什么"形成一种共享的思维模型。类似地，可以通过人们及其请求能够共享的方式组织软件的逻辑，并使其形成一个整体，进而实现对于"我们怎样处理这儿的事情"这一问题的共同的理解。

关于信息的信息，可以通过找出信息之间的前后关联及意义这种方式来管理。这种方式可以对信息进行组织以抓住重要的特性和数据的各个组成部分之间的相互关系，并通过找出数据之间的前后关联把数据转变成信息。这些数据之间的关系图和特性图，以数据模型的形式，使一个组织解释信息的方式规范化。也就是说，这些模型通过它所定义的关系模式和特性模式对信息进行过滤。模型法是处理大量庞杂数据的技术手段之一。借助这种手段，我们可以从大批原始数据中获得其中蕴涵的意义。

当信息网络技术利用它的速度来完善信息的连接、共享和组织的时候，其结果可以从信息在三个方面的增强来表示：全面性、完整性和目的性。这三个词通常是用来描述"理解力"或"智力"。使用它们描述信息并非是拟人化的夸张，而是因为这三个词确实反映出技术能够作用于信息以改变信息的本质——从被动到主动，从描述事物到使事物发生变化的方式。

第四节　网络经济的研究框架

一、网络经济的研究框架

1991 年，美国互联网开始进入商用，随之而来的就是大规模的互联网基础设施建设，到 1995 年，美国形成互联网骨干网。与之相适应，从 1993 年起美国的很多学者开始研究网络经济学（Interneteconomics），政府和大学、专业咨询公司、IT 媒体和企业界成为了美国网络经济学研究的三支主要力量。麻省理工学院的李·W.麦克奈特（LeeW.Mcknight）和约瑟夫·P.贝利（JosephP.Bailey）在1996 年介绍了有关互联网技术、经济和政策分析的理论模型和框架，并提出了 6个研究领域：一是数字网络经济；二是互联网资源分配和定价模型；三是响应定价；四是对互联网服务进行定价的需求；五是互联网和网络经济学；六是网络经济政策。

随着研究的深入，不同的学者和专家提出了自己不同的观点，尤其对网络经济学本身，至今未有一个统一的权威定义。

网络经济的研究基于互联网的经济活动，如网络企业、电子商务（不包括基于电子数据交换的电子商务）以及网络投资、网络消费等其他网上经济活动的学科。这是从 1993 年互联网开始应用于商务活动后蓬勃发展起来的。

在这种理论支持下，网络经济被认为是国民经济整体中的一部分。像美国得克萨斯州立大学对网络经济进行了分类：一是网络基础设施层；二是网络应用软件层；三是网络商务中介层；四是网上交易层。

我国的一些最新研究也沿袭了这种分类，将网络经济的研究总体分为：

1. 网络建设的产品提供层。提供主要网站建设所需的硬件和软件。包括 PC 类产品、服务器产品、网络通道产品、网络连接类产品（交换机、路由器、调制解调器、网卡等）和网络安全类产品、骨干通道提供服务、服务器端软件、客户端软件、电子商务软件等。

2. 网络建设的产品应用层。就是利用上述的硬件和软件，进行域名注册，接入服务、网站建设、虚拟主机搜索引擎软件以及网络建设咨询和联机培训等。

3. 网络空间的虚拟中介层。本层不直接进行网上交易，而是聚集厂商和消费者，使交易更容易进行。这层包括网络门户和垂直门户，网络媒体和网络虚拟市场，虚拟社区建设，网络经济人和网络广告等。

4. 网络空间的直接商务层。就是企业和消费者利用搭建好的平台，从事交易活动，也就是电子商务活动。包括有形商品的网上销售，网上招聘，网上内容订购，企业间的网上交流等。电子商务层又可以分为三类：企业间的电子商务（B2B），企业和消费者之间的电子商务（B2C），以及无形商品和服务的网上销售。

5. 网络经济研究包括以信息网络（主要是互联网但不限于互联网，如内联网、外联网等）为基础或平台的、以信息技术与信息资源的应用为特征的、信息与知识起重大作用的经济活动；它还包括非互联网的网络经济活动，不以网络为主营业务但与信息网络有关的经济活动，特别是因受信息革命影响而正在变化中的传统经济活动，如"e化"（即电子化）中的传统企业的经济活动。这种观点将网络经济看作是一个整体的宏观经济，它是网络诞生后，在其不断影响和深化的过程中，整体经济本身也不断变革、适应和创新的一种新的经济形态。

二、网络经济的研究对象

1. 网络经济是研究如何最有效地利用信息网络资源以促进经济增长的科学

信息网络已成为一种以知识为基础的再生资源，也是一种有限的稀缺资源，因此要求人类有效地利用它们，以达到促进经济增长的目的。同时，合理地利用信息网络资源，要求对资金、劳动力等稀缺资源进行最佳配置，这是网络经济的基本出发点与落脚点。

2. 网络经济是研究信息网络技术发展与经济发展的相互推动、最佳结合的规律及其实现方法的科学

（1）信息网络发展与经济发展相互作用的规律

首先必须认识信息网络技术与经济的关系及信息网络技术发展与经济发展是如何相互推动的。

在信息社会中，信息网络技术与经济是同时存在的统一体，在任何生产过程中都不能彼此分离。经济是信息网络技术发展的决定因素，它为信息网络技术发展指明方向、创造条件、提出任务；而信息网络技术是经济发展的手段，是提高社会劳动生产率、节约物质资源最有力的手段。信息网络技术是手段，经济是实现信息网络技术的物质基础和目的，它们存在于一个相互制约、相互作用、相互促进的社会整体之中。

信息网络技术发展与经济发展的相互推动必须从两个方面来认识。一方面是经济发展推动信息网络技术发展。经济发展是技术发展的动力和基础，没有经济发展的需要，信息网络技术就会因失去发展的方向而无法发展；经济又是信息网络技术发展的保障条件，没有经济条件，包括人力、物力、财力的支持，即使最好的信息网络技术也无法实现。经济既是信息网络技术进步的检验标准，又是信息网络技术进步的归宿。信息网络技术发明的先进性的水平，往往是通过其对经济发展的贡献来衡量的，而且只有通过生产的检验，信息网络技术归宿于生产实

践，才能证明其可行性和价值。另一方面是信息网络技术发展推动经济发展。信息网络技术发展是经济发展的加速器，是现代物质文明建设的先决条件；没有信息网络技术的发展，要想有经济发展的高速度与高效率是不可能的，人们衣食住行的信息化与现代化也是不可想象的。我们研究的问题是：信息网络技术如何有效地作用于经济才能更好地促进经济发展；如何衡量信息网络技术对经济的影响程度；在不同信息网络技术发展水平和生长条件下，如何扩大这些影响，加速这些影响，以便使信息网络技术更好地推动经济、相互作用，产生连锁效应并促进经济发展等等。例如，信息网络技术开发、创新、转移和普及与经济政策的关系及其连锁效应，信息网络技术突变对社会经济结构、生产方式变化的影响等。

（2）信息网络发展与经济发展最佳结合协调发展的规律

信息网络技术发展与经济发展的最佳结合，首先，表现在信息网络技术构成要素之间的最佳结合，如硬件技术与硬件技术的最佳结合、硬件技术与软件技术的最佳结合、物的技术与人的技术的最佳结合等；其次，信息网络技术活动与经济活动的最佳结合，如信息网络技术的创造和实施与所需物质条件的最佳结合，信息网络技术价值的实现与相应储运、销售、市场条件的最佳结合，信息网络技术运行与相应的社会经济政策、经济杠杆、法规之间的最佳结合；再次，信息网络技术开发、创新与转移和社会经济条件、经济政策的最佳结合及相互适应，这里研究的重点不仅在于找出这些结合点，而且更重要的是如何创造最佳结合的条件，以便更多地采用先进信息网络技术，促进经济多快好省地协调发展。

（3）信息网络技术与经济最佳结合的实现形式与方法

研究与揭示上述规律的重要目标就是要使信息网络技术都能不断进步，协调发展，并使各项信息网络技术经济活动取得最大的经济效益。因此，必须研究不同信息网络技术经济活动，如信息网络技术政策、信息网络技术规划、信息网络技术措施和信息网络技术方案及不同信息网络技术与经济结合的形式。同时，还必须就如何采用正确的评价方法及进行经济效益计算，研究不同信息网络技术项目的评价标准、评价指标体系和计算方法，以便准确地预测和衡量其经济效益的大小数值，衡量信息网络技术与经济结合对社会所作出的贡献。

第二章 网络经济的特征、定律和原理

第一节 网络经济的基本经济学特征

一、网络外部性与网络效应

当一个当事人的行为直接影响另一个当事人却没有做出补偿的时候，就产生了外部性，或者说当存在"溢出效益"时，就产生了外部性。外部性的存在将导致私人成本和社会成本的偏离。根据私人成本和社会成本之间的关系，可将外部性分为正的外部性和负的外部性。当边际社会成本大于边际私人成本时，存在负的外部性；当边际社会成本小于边际私人成本时，存在正的外部性。在传统经济中，最典型的外部性的例子就是公害——厂商在生产产品时产生的噪音、废气、废水等显然会损害周围居民的生存环境。一般来说，工业经济发展带来的外部性主要是负面的外部性。

网络外部性是指"存在着许多产品，对于这类产品某个用户从消费产品中得到的效用，随着消费该产品的其他当事人人数的增加而增加；某一用户从某一商品中得到的效用依赖于与他在同一网络中的其他用户的数量"。我们把市场均衡未能反映出与网络交易有关的全部收益的那类网络效应称为网络外部性。

网络效应可以分为直接网络效应和间接网络效应。

（1）对于物理网络（如通信网络），存在着直接网络效应。例如，一名消费者使用一台电话的效用显然依赖于加入该电话网络的其他家庭的数量。例如，在电话网这一典型的双向网络里，假设有 N 个电话用户（即互补的 N 条线构成了一个网络），则在该网络里，实际上存在着 N(N-1) 种产品和服务，在这种情况下，若新增第 N+1 个用户，则该新用户的加入实际上会新增加 2N 种产品和服务，从而给所有原来的用户带来了直接的网络效应。

（2）对于虚拟网络，则存在着间接网络效应。卡茨（Katz）和夏皮罗（Sha-piro）举例说，一个欲购一台计算机的用户会关心类似硬件的其他用户的数量，因为供应市场的与某一种计算机相匹配的软件的数量和种类将是已售出的硬件数量的增函数。对于信用卡网络、高级轿车及售后维修服务、录放像系统等情形，也有类似的间接网络效应。

网络效应存在的根本原因在于网络自身的系统性，网络内部信息流的交互和网络基础设施长期垄断性。

首先，不论网络如何向外延伸，也不论新增多少个网络端点，都将成为网络的一部分，同原网络结成一体，因此整个网络都将因网络的扩大而受益。

其次，在网络系统中，信息流并不是单向的，网络任何两个端点之间都能相互交流，信息交流的机会几乎等于 2N，其中，N 为入网人数。随着入网人数的线性增长，信息交流的可能性将呈指数态势陡然上升，并且在整个网络中没有"中心"或"首脑"区域的存在，即使网络的一部分端点消失了，也不影响其他端点间的正常联络，这就保证了网络效应的普遍意义。

最后，网络基础设施一般都具有投资额巨大、投资周期长、垄断性强和使用期限长等特点，这就决定了网络外部经济性的长期存在。

网络效应的大小既与网络的规模直接相关，又与网络内部物质流动的速度有关。网络规模越大，网络效应就越明显，并且在网络规模超过一定数值 [控制论中称为阀值（criticalmass）] 时，网络效应就会急剧增大，在这里信息网络扩张效应的梅特卡夫法则（MetcalfeLaw）起着支配作用。根据这一法则，网络价值等于网络中端点数的平方。这意味着网络效应随着网络用户的增加而呈指数增长。另外，网络效应与网络内信息流的速度同样存在着相关的关系，流速越大，网络效应也越大。

当人类社会进入信息网络化时代，生产、交换、分配和消费都与智能化的信息网络息息相关时，网络效应就更明显了。这是因为，一方面网络规模已经覆盖了整个经济社会，另一方面网络内的信息流速可达到光的速度。并且，这种信息网络还具有自我增殖的性能。即网络内的一部分用户根据他们独特的需要，利用现有公共网络设施和内部掌握的信息密码，在不增加任何投入的情况下就可以营造网中网，使网络效应内部化。而这种网中网的发展前景又是无可限量的。正是由于上述原因，网络效应就成了网络经济的一个突出特征。

二、正反馈与需求方规模经济

1. 正反馈的概念

正反馈的概念对理解网络经济至关重要。正反馈使强者更强，弱者更弱，从而引起极端的结果。你对着麦克风说话，通过反复的放大，稍大一点的声音就会变得震耳欲聋。这就是正反馈在起作用。正如声音信号可以以自己为来源不断放大系统的限度一样，市场上的正反馈也会引起极端家公司或一种技术主宰市场。正反馈有一个比较土气的表亲：负反馈。在负反馈系统中，强者变弱，弱者变强。在传统经济中，负反馈起支配作用。如在寡头行业中，行业领导者试图获取更多市场份额的企图通常会激起激烈的反应，小的竞争对手会设法防止生产能力的下降。这种竞争性反应使领先公司无法获得主宰地位。另外，由于管理大企业的复杂性，当超过一定的规模时，公司会发现成长变得越来越困难。随着大公司背上高成本的负担，更小、更灵敏的公司会发现更有利可图的市场份额。这种此消彼长反映了负反馈的作用：市场找到了一个平衡点，而不是走向单个公司主宰的极端。

2. 网络经济的正反馈

在网络经济时代，正反馈处于支配地位。因此，当两个或更多的公司争夺正反馈效应很大的市场时，只有一个会成为赢家。经济学家一般称这种市场是冒尖儿的，意思是只有一家公司可以出头，不太可能所有的公司都能生存下来。

正反馈并不是一个全新的事物，几乎每个产业在发展的早期都要经过正反馈阶段。通用汽车比小的汽车公司更有效率，主要就是因为它的规模。这种效率刺激了通用汽车的进一步发展。这种正反馈的来源被称为生产的规模经济，大公司通常有更低的单位成本（至少到某一点之前）。以今天的观点来看，我们更倾向于把这些传统的规模经济称为供应方规模经济。尽管有供应方规模经济，但是通用汽车从来没有完全占据整个汽车市场。为什么这个市场像 20 世纪的大部分市场一样，是寡头市场而不是垄断市场？因为基于制造的传统规模经济通常在远低于主宰市场的水平就耗尽了。换句话说，基于供应方规模经济的正反馈有其自然限制，超过这一点，负反馈就起主导作用。这些限制通常来源于管理大组织的困难。由于斯隆的管理天分，通用汽车公司可以将这些限制推后，但是即使是斯隆这种奇才，也不能完全消除负反馈。在网络市场中，传统的经济法则常常不适用。按照传统经济观点，一种货物的数量增加，其每个货物的价值就会降低（负反馈）；稀少的货物特别有价值，而大批量的产品将失去价值；商品的价值建立在数量多少的基础之上。

在网络经济中，正反馈是以一种新的、更强烈的形式出现的，它是需求方正反馈，而不是供应方正反馈。在新的网络经济中，供应方正反馈显然不再适用。网络效果表明，可提供的商品越多，特定商品的价值越增加。以前的负反馈在新的网络经济中变成了正反馈。正反馈通常称为"增加回收"，这是网络效果直接或间接影响的结果，是新的市场规律的主要特点。在比尔·盖茨及其股东们因微软发大财之前，人们认为增加回收的概念只存在于教科书中。

由于网络效果的作用，网络越大就越具有吸引力。这就会使更多的用户与网络连接，并带来更多的直接和间接网络效果。增长孕育了进一步的增长。

就技术或公司的竞争力而言，随着市场份额的增加，用户对技术和公司的信心也会增加，从而引起市场份额的进一步增加。正反馈的负面是这种发展趋势也会向相反的方向发展。竞争者夺走的每一寸阵地都会削弱潜在用户的信心。吸引力降低肯定会减少市场份额，因为"正反馈使强者更强，弱者更弱"。

网络产品的价值不仅取决于所开发的用户数量，而且很大程度上受将来预期的用户发展数量的影响。如果对一个网络产品的成功预计是积极的，提供的服务就会更有吸引力，也会使自身得到发展。正反馈使预期管理成为网络经济中竞争者关注的要素。及时预告不仅能加快在市场上的成功，而且能使其最先实现。微软公司和 IBM 公司非常成功地利用了产品预告，创造了"蒸气销售"的概念来进行这种销售活动。

正反馈的效果预示了网络经济中市场充满了暂时的垄断（如 Windows、

VHS）。在传统市场上，一个公司的重要性受到公司规模的限制，由于供应方的经济规模，出现了由少数制造商控制的市场结构。在网络经济中，各个公司能在有限的时间内获得虚拟的市场垄断地位。临时垄断依赖于网络用户规模增加的优势而存在。到达某一点后，需求方的规模不会减弱，还会继续增加。如果每一个人都加入了一个网络，你也有理由加入。

巨大的市值并不是基于开发软件的规模经济。当然，在软件设计和任何其他的信息产品中存在着规模经济。但是市场上有好几种与之相似的操作系统，并且开发竞争操作系统的成本与微软的市值相比简直是微不足道。微软的关键应用软件也是一样。微软的统治基于它的需求方规模经济。微软的顾客认为微软的操作系统有价值的原因是它被广泛应用，是事实上的产业标准。与之竞争的操作系统达不到能对微软构成威胁的临界容量。与供应方规模经济不同，需求方规模经济在市场足够大的时候不分散，如果所有人都使用，你就更有理由使用它了。

三、边际收益递增

网络经济是边际收益递增的经济。所谓边际收益，是指在生产过程增加一个单位的产出所带来的收益。边际收益随着生产规模的扩大呈现出三种不同的趋势。一是逐步扩大，称为边际收益递增；二是保持不变；三是逐步减少，称为边际收益递减。边际收益递减是工业社会物质产品生产过程的普遍现象。西方经济学的传统理论也把边际收益递减作为其理论分析的基本假设。但是这个流行了200 年的假设在网络经济面前遇到了严峻的挑战。网络经济是一种边际收益递增的经济，这一结论可以从以下六个方面证明。

1. 网络经济边际成本随着网络规模的扩大而呈递减趋势

西方经济学的厂商理论，是在发展制造业的经济实践中形成的。在以物质产品为中心的经济分析中，无论是短期成本曲线，还是当生产量达到规模经济的起点之后，边际成本都呈现出递增的趋势。但是，这一分析并不适用于网络经济。信息网络成本主要由以下三部分构成：（1）网络建设成本，记为 C_1；（2）信息传递成本，记为 C_2；（3）信息的收集、处理和制作成本，记为 C_3。

由于网络可以长期使用，并且其建设费用及信息传递成本与入网人数无关，因此，C_1 和 C_2 的边际成本（MC_1、MC_2）为零，平均成本（AC_1、AC_2）都呈明显递减趋势。只有 C_3 与入网人数正相关，入网人数越多，所需收集、处理、制作的信息就越多，这部分成本就会随之增大。但其平均成本（AC_3）和边际成本（MC_3）都呈下降趋势。把这三部分成本综合起来可知，信息网络的平均成本（AC）随着入网人数的增加明显递减，其边际成本（MC）则缓慢递减。但信息网络的收益却随着入网人数的增加而同比例增加。网络规模越大，总收益和边际收益越大。

2. 网络信息价值具有累积增值和传递效应

在网络经济中，对信息的连接投资，不仅可以获得一般的投资报酬，还可以获得信息累积的增值报酬。如果说，对一般的生产要素尚且如此的话，那么投资在信息上的货币，其在生产中的潜在效能就会更深刻、更广泛。信息通过累积和处理可以变换，使它的内容和形式发生质的变化，以适应特定的市场需要，从而身价倍增。由于信息网络的特殊功能，可以把零散、片面、无序的大量资料、数据和消息按照使用者的要求进行加工、处理、分析和综合，从而形成有序的高质量的信息资源，为经济决策提供科学依据。例如，连续购买某产品价格信息及关联产品的价格信息和市场需求量信息的时间序列资料，利用回归分析系统，可以科学预测该产品未来市场容量和价格趋势，从而生成价值更高的信息资源。也正是这种累积增值效应，为信息咨询业的产生与发展提供了坚实的基础。另外，信息使用具有传递效应，正如肯尼斯·约瑟夫·阿罗（Kenneth J. Arrow）所说："信息的使用会带来不断增加的报酬。举例来说，一条技术信息能够以任意的规模在生产中加以运用。"这就是说，在信息成本几乎没有增加的情况下，信息使用规模的不断扩大下，可以带来不断增加的收益。这种传递效应也使网络经济呈现边际收益递增的趋势。

3. 网络信息系统具有信息的自动记忆和自动生成功能

网络信息在使用规模足够大的情况下，信息的来源就会自然而然地产生，并且在网络内自动整合，甚至生成层次更高、价值更大的综合性信息。这一切完全由网络自身产生，不用额外去采集和整理。这是一种特殊的系统：每一个使用网络、接触网络的行为，都会被自动记载、自动归类整理、自动存储进入数据库。

4.网络经济的创新效应

科技的发展，知识的创新，越来越决定着一个国家、一个民族的发展进程。在网络经济时代，创新已经成为边际收益递增的不竭动力。"创新"一词最早由美国经济学家 J. 熊彼特提出，他把创新定义为"生产手段的新组合"，这种组合包括下面五种情况：（1）生产一种新产品；（2）采用一种新的生产方式；（3）开辟一个新市场；（4）获得或控制一个原材料或半成品的新来源；（5）实现一种新的组织形式。

无论是何种组织方式，都可被视为技术的创新。创新产生的新技术不仅会带来成本的降低和产量的增长，即实现产业部门创新下的收益递增，而且会导致原来并不存在的新产业的出现，使得整个社会经济飞速发展。资本投资产生的凯恩斯乘数效应已被经济学界广泛认同，但技术创新导致的威力巨大的乘数效应却从未被讨论。这种技术乘数在很多情况下（如爱迪生发明的电灯泡和发电机）引发的经济增长相对于发明所需要的投资而言，能产生高于凯恩斯乘数数千倍的效应。网络经济越是发展，这种技术创新就越是层出不穷。在网络经济中，信息技术的创新蕴藏着无限的潜力。根据莫尔法则（More'sLaw），计算机芯片的功能每隔 18 个月就会翻一番，而其价格却可以下降一半。该法则的作用从 20 世纪 60 年代以来已经持续发生，预计还会持续几十年。它揭示了网络经济中信息技术创新的巨大经济效益的源泉。

技术创新所实现的收益递增主要是通过创新过程中需要的巨大的开始成本表现出来。现代意义上的创新已不能用偶然的小发明或工艺上细小的改进来概括，创新成为企业有目的地、有意义地进行研究与开发（R&D）的活动；而与之相对应的则往往是巨大的研究费用，这笔费用也要记人未来产品的成本，因此它被称为开始成本。开始成本是一笔固定的支出，它不会随产品产量的变化而变化；同时它又是一笔沉淀支出，一旦支出就不能收回。如果实现了创新，它可以通过产品的销售而得到补偿。与传统的物质产品生产相比，开始成本对于高技术行业更为重要。物质生产依赖较多的物质原料和少量的技术投入，而高科技产品则依靠很少的物质投入，生产过程中很少追加投入成本，从第二件开始只需支付很少的成本。因此，一旦生产过程开始，厂商面临的是一条下降的供给曲线，不断扩大的生产规模分摊了开始成本，并使生产产品的平均成本不断下降，因此企业获得了递增的规模收益。

5.网络经济中存在着极强的学习效应

学习效益又被称为"干中学"或"用中学"。学习效应所实现的收益递增主要来自两个方面：

一是来自于工作中经验的累积。不论是实际工作中的工人、技术人员，还是管理者，知识或技能并不是全部来自以前的学习或培训，更多的是来自工作过程中积累起来的经验，因此，工作过程也可被视为一种学习的过程。与这种经验直接相关的经济意义在于它有利于改善组织管理，提高工作效率并降低成本，从而使生产表现出收益递增。

二是来自于信息和知识累积增值的传递效应。零散、片面和无序的信息，经过按使用者的要求进行加工、处理、分析和综合，可以形成有序的高质、高价的信息资源，为经济决策提供科学依据。完整的应用性强的信息和知识具有很强的传递效应。正如肯尼斯·约瑟夫·阿罗（Kenneth J. Arrow）所说："信息的使用会带来不断增加的报酬。举例来说，一条技术信息能够以任意的规模在生产中加以运用。"这就是说，在信息和知识成本几乎没能增加的情况下，信息和知识使用规模的不断扩大可以带来不断增加的收益。这种传递效益，也使网络经济呈现边际收益递增的趋势。美国经济学家保罗·罗默根据对美国及其他西方国家经济的数据分析，发现了信息时代发达国家经济增长的自强机制，并于1986年建立了他的第一个内生经济增长模型。该模型以外部经济效益（positiveexternalities）为核心概念，说明了单个企业对信息和知识投资的累积效果会对其他企业乃至整个经济产生正向的溢出效应，使整个经济生产率有所提高。在一定条件下，这种效应可以使知识总量的边际收益不断提高，从而弥补劳动力增加造成的边际收益递减的影响。随着信息和知识的投入在整个经济投入中所占比重的不断增大，上述累积增值和传递效应必将导致整个经济的边际收益递减趋势的加强。

6.网络经济中的消费行为具有显著的连带外部正效应

所谓连带外部正效应（networkexternality）是指就某些商品而言，一个人的需求也取决于其他人的需求。如果某消费者对某种商品的需求量随着其他人购买数量的增加而增加，那么可称之为连带外部正效应，反之则为连带外部负效应。连带外部正效应的存在是收益递减的又一来源。W. 布来恩·阿瑟（W.BrianArthur）经研究发现，以信息和知识为生产基础的产品，像计算机、软件、光导纤维和通信器材等，具有很强的连带外部正效应。这种连带效益不仅来自消费者的互相攀比，而且更多地来自消费品的互补性。当 CP/M.DOS 与 Macin-fosk 在市场中竞争个人计算机操作系统的市场份额时，DOS 系统通过与 IBM 公司的联手而取得了竞争优势：装备了 DOS 系统的 IBM 计算机的销售量的增加，使软件商品倾向于用 DOS 语言编写软件；DOS 软件的流行使更多的消费者倾向于选择装有 DOS 系统的计算机，以方便使用软件。在这一正反馈过程中，DOS 操作系统的拥有者微软公司，则获得了明显的收益递增：通过把成本分散给越来越多的使用者而使平均成本随着产量的增加而不断下降。对于生产者（厂商）而言，在存在连带外部效应的条件下进行的竞争不再是商品价格的竞争，而是标准的竞争，使自己的产品成为市场的标准是厂商力求实现的目的。

正是以上连带外部正效应，促生了信息活动中优劣势反差不断扩大的所谓马太效应（Matthews-Effect）。马太效应源出《新约全书·马太福音》第25章的一句话："有的，还要加给他，叫他有余；没有的，连他所有的，也要夺过来。"这种效应促成的结果是：强者更强，弱者消亡。

在早期的录像机市场上存在使用两个技术标准的产品：索尼公司的 Betamax 和松下的 VHS。两者在竞争初期均经历收益递增的过程。当更多的人选购某种品牌时，以该种型号技术灌制录像带就有利可图；录像带的增加又激励了更多的人选购该种型号的录像机。通过这种正反馈过程，两个厂商都实现了规模收益递增并逐渐瓜分市场。但这种竞争状况是不稳定的，双方都力图使自己成为市场标准。在竞争过程中，VHS 凭借原有的家电市场而取得竞争优势，使更多的人选购 VHS 型机器，并逐渐把 Betamax 的顾客也吸引过来。通过建立市场标准，VHS 技术在10年内彻底击败了竞争对手而独占市场。

四、联结经济性

1. 网络经济中的业际化倾向

所谓业际化是指产业部门打破原来形成的行业及产业的经营界限，相互介入，从而形成一种新的产业间竞争和协同关系。竞争协同的范围涉及信息产业、制造业、流通业和服务业等各个领域。这种新型的关系不仅比企业经营多角化所涉及的范围更为广泛和深刻，而且比通常所说的"兼业化"更具有竞争色彩。它不仅是由于产业间、行业间的进入障碍降低而出现的产业融合关系，而且是更为激烈的竞争关系。

这种业际化的进展是与经济的信息网络化的进展相伴而行的。经济的信息网络化进展是业际化的进展的前提条件，业际化的进展是经济的信息网络化进展的必然结果。由于信息产品同一般的物质产品不同，具有共享性的特征，因此随着信息化的进展，市场竞争发生了新的变化。过去在信息、技术垄断前提下的产品竞争，逐步向围绕着信息、技术占有和共享而展开的竞争过渡。信息和技术成了企业间竞争的焦点。业际化和信息化共同发展的结果，必然要求信息网络化。即通过信息通道、信息接收器、电子计算机和传真机等信息装置，把各种经济组织（企业、政府、职能机构）及个人联结起来，构成一个网状的信息联结系统。信息网络是由信息装置和信息通道构成的信息传导系统。从经济上看，信息网络是在上述信息传导系统基础上建立的组织和组织之间、人和人之间联络关系的存在方式。从这个意义上说，现在的信息化并不是单纯的信息化，而是信息网络化；业际化也不是单纯的业际化，而是以网络信息为媒介的业际化。

随着互联网络覆盖面的不断拓展与深化，以信息网络为媒介的业际化倾向日益加强，并从技术和市场两个方面不断地发展。

从技术上看，"许多新技术组合在一起发生复合效应，又构成了更新的技术"。各产业通过引进、改造与本产业完全不同的技术，并使其与自己原有的技术相融合，创造出新技术、开发出新产品。例如，电脑与通信技术结合产生了计算机通信技术；生物技术与医药技术相融合，开发出生物制药技术；电子技术与机械技术相融合，创造出机器人技术；电力技术与汽车技术相融合，产生了电动汽车技术等等。这称为"技术融合化"。表示两个不同产业在技术上融合程度的指标，称为"融合系数"，它表明产业间在技术上相互重复使用范围的大小。有资料表明，越是技术发达的国家，产业间的技术融合系数越高。例如日本，纺织业与建材业的技术融合系数为 0.21，电子与有色金属的技术融合系数为 0.39，而电子与通讯业的融合系数高达 0.96。

从市场营销角度看，各产业通过向本产业以外的其他产业领域的投资经营，不断创造市场需求、拓宽产业活动领域，以获取更大、更完全的利润。这称为"市场融合化"。在信息网络化程度高的发达国家，各产业间的融合化程度高，主营业的比重低。

2. 范围经济性和联结经济性

（1）从范围经济性到联结经济性

近十几年来，随着产业组织理论的更新与发展，"范围经济性"已经越来越被人们所重视。许多企业都在拓展经营范围，实行多角经营。这是因为消费者需求日益多样化和小型化，产品也随之发生变化，由"重、厚、长、大"向"轻、薄、短、小"转化。企业若能灵活适应这种市场变化，扩展产品范围，生产小批量多品种的产品，就能巩固和提高市场占有率，增强竞争力。另外，实行多角化经营战略，也是企业降低市场竞争风险、持续生存和发展的需要。技术的进步和信息化的发展又为企业生产经营方式的转换提供了技术方面的基础。范围经济性产生的根本原因在于信息、知识等软要素的共享性。对于许多不同的生产过程，信息、知识等共同的生产要素可以不费分文地从一种生产过程转用到另一种生产过程。信息化程度越高，软要素在生产过程中投入比重越大，这种转用的经济性就越明显。正如资产专用性推动了规模经济的产生与发展一样，软要素的共享性推动了范围经济的产生和发展。范围经济性是与社会经济的信息化程度成正比的。但是，当信息化发展到信息网络化阶段时，复数个市场主体通过信息网络相互联结，建立起一种新型的竞争协同关系，可以创造出既不同于规模经济，又不同于范围经济的新的经济效应，这就是所谓的"联结经济性"。

（2）联结经济性的特征

联结经济性有以下四个特征：

第一，联结经济性不仅包括投入方面的共通生产要素转用的无成本或低成本，而且包括产出方面的复数个组织、主体相结合所创造的乘数效应。

第二，即使仅从投入方面考察，也不仅仅限于各组织内部或各企业内部的资源，组织外部其他企业的资源，即外部资源也可以通过信息网络来使用。对于网络经济来说，许多重要的资源，如信息、知识等，与其说是共通要素，不如说是"共有"要素。

第三，范围经济性的概念，主要是着眼于单一主体或组织的复合生产或联合生产。与其相对应，联结经济性是由复数个主体相互联结，通过知识、信息和技术等共有要素的多重使用所创造的经济性。这一概念的核心是复数个主体间相互联结产生的经济性。这是范围经济性所无法涵盖的。

第四，联结经济性同企业集团、跨国经济合作组织等价于市场和企业组织之间的所谓"中间组织"有着较密切的联系。正如科斯（L.H.Coase）所分析的那样，企业组织是"价格机制的替代物"，企业的存在是为了节约交易费用，即用费用较低的企业内部交易替代费用较高的市场交易；企业的最优规模由企业内部交易的边际费用等于市场交易的边际费用或等于其他企业内部交易的边际费用的那一点决定。威廉姆森（O.E.Williamson）也曾作过同样的论述。但是，在信息网络化社会里，作为"价格机制的替代物"，除了企业之外，还有一种新型的"链锁型组织"，这就是网络组织。企业集团正在向网络组织化方向发展。这种介于企业和市场之间的"中间组织"并不仅仅是为了节约交易费用所做的选择，同时更是联结经济性所导致的结果。

（3）联结经济性的具体内容

从工业时代的"规模经济"到信息时代的"范围经济"，再到信息网络时代的"联结经济"，这种变化究竟有什么意义呢？概括地说，这种变动在改变各种生产要素的相对价值的同时，将全面促进社会经济的发展。下面从投入和产出两个方面加以具体分析。

①投入方面：降低交易费用。

从投入方面考察，网络经济性主要表现为交易费用的节约。肯尼斯·约瑟夫·阿罗（Kenneth J. Arrow）在《市场在资源配置中的潜力与界限》中把交易费用定义为"经济制度运行的费用"和"竞争市场的运行费用"。按照肯尼斯·约瑟夫·阿罗（Kenneth J. Arrow）的定义，网络经济降低交易费用的功能主要体现在以下几个方面：

第一，信息成本的减少。在普通的交易过程中，信息交换的次数将随着交易主体数量的增加而成接近几何级数的比例增加，这使交易费用大幅度上升。如果信息交换不是由各主体个别进行，而是通过信息网络的中央系统进行，那么信息费用就会大幅度减少。例如，交易主体数为10，通常的信息交换次数则为10（10-1）/2=45，如果通过网络信息系统进行，则交易次数仅为10，这样，交易费用就可以降低到近五分之一程度。

第二，结算费用的节约。如果信息网络内部设有结算功能的话，就可以在网络内部完成交易结算。因为结算工具除了现金和支票外，还可以在网络上使用电子货币。网络经济的结算功能正是得益于这种电子货币以及配套的金融制度。在网络金融不断发展的情况下，通过网络结算系统进行远距离的汇兑，更能大幅度降低结算成本。特别是增值通信网的发展将产生显著的效果。所谓增值通信网，不是单纯地传输信息，而是提供带有附加价值的、经过加工处理的服务信息。例如，传输一些产品的市场容量变动趋势和价格变动趋势的预测信息，提供股票、期货、外汇交易行情和多种类的经济活动变动趋势信息，等等。增值通信网把服务信息的接受、传递，同结算信息融于一网，及时自动结算，可极大提高结算效率。

第三，库存费用的削减。信息网络化为生产销售领域带来一系列的积极后果。如订货、发货业务的自动化，厂家直接销售业务和网络商场的发展，生产、批发和零售的联网管理，这些都可以降低库存、减少积压、提高效益。

②产出方面："外部效果"内部化。

联结经济性体现在产出方面，主要是"外部效果"的内部化。具体表现为以下三个方面：

第一，信息网络活动所产生的"乘数效应"。信息的大部分是在各个不同领域中分散产生，并由各个主体分别保存和持有的。如果把其中相关的信息资源以某种方式有系统地组合起来，并集中使用的话，就会产生累积效应和互补效应，并能创造出有价值的信息。这是由信息的系统性和累积特征决定的。因此，通过信息网络把具有互补性和依存关系的分散信息联结在一起必然产生乘数效应。

第二，主体行为的"学习效应"。过去市场主体的行为或决策，主要是根据"事前的"信息所作出的预测为导向的。但是，在现代新知识、新技术不断产生，"信息报废率"大幅上升，商品生命周期不断缩短，需求越来越个性化、多样化和小型化，因此单靠预测作决策已经无法适应这种形势的要求了，学习成为第一重要的工作。市场主体通过信息网络可以用极低的成本迅速获得各方面的最新信息、知识与技术，不断地增大学习效果。

第三，主体相互间的"信赖效应"。通过信息网络可以迅速、广泛地认识合作伙伴，结成彼此信赖的关系。按照肯尼斯·约瑟夫·阿罗（Kenneth J. Arrow）的说法，信赖是不能用金钱买到的、具有重要实用价值的财产，是提高经济系统运作效率的宝贵财富。在旧的组织结构下，结识或变更合作伙伴都要付出很大的代价，网络经济可以提高这方面的效率。信赖效应在网络经济结算方面表现得最明显。正像前面曾指出的那样，网络若具有结算功能，就会强化信赖的产出效应。这是因为，利用网络结算可以避免失误和泄露财务机密，使网络的运营主体与入网者之间，以及入网者相互之间建立起彼此信赖的良好关系，提高经营效率。

第二节　网络经济学与传统经济学悖论

一、网络经济挑战新古典经济学的"均衡"理论

1. 传统供求均衡理论

在传统经济学中，供求均衡理论是一个最基本的分析工具，市场均衡是由供给曲线的需求共同决定的。市场供给曲线给出了经济中所有厂商在每个价格上愿意生产的某种物品的数量。随着价格的上升，供给数量也上升，因此曲线表现为向上倾斜。而市场的需求曲线给出经济中所有个人在每个价格上所需要的物品数量，它通常是向下倾斜的。市场均衡时的价格就是需求曲线与供给曲线的交叉点。在这一点上，厂商的边际成本与边际收益相等。供求曲线反映出经济学中的"边

际收益递减"规律，也就是说厂商每多生产一个产品，市场价格就会下降一点，而生产成本却几乎不变，因此最后市场所带来的收益始终是越来越少。这些传统的经济学理论一直沿用至今，对现实的许多经济现象的分析起了不可磨灭的历史作用。

2. 传统供求均衡理论面临的挑战

网络经济将某些传统产业的高固定成本、低边际成本的特征推向普遍的，最终形成一种新的观点，那就是网络经济突破了"边际收益递减"规律，甚至于否定了供求规律。就以网络经济最典型的经济行为"开发软件"而言，软件产品的成本几乎是一次性的，而软件开发完成后的复制生产成本几乎可以忽略不计，成本近乎为零。其他的信息产品也具有类似的特点，即一旦为开发软件、设计芯片、铺设光缆等信息产品投下了高额固定成本，多一个消费者还是少一个消费者，几乎不会产生成本上的变化，也不会对价格产生影响；也就是说，在网络经济中，生产第一份信息产品的成本非常高，但此后产品的边际成本甚至可以接近于零。这些特点就与"公路"、"路灯"之类的"公共物品"相似，制度经济学理论认为，公共物品往往必须由政府提供，因为私人投资公共物品难以获得回报，人人都可以消费，多一个消费者并没有增加成本，而又不能轻易地排除其他人的消费，这些特点决定了"公共物品"只能由政府投资。信息产品可以说是一种准"公共物品"，它具有"公共物品"的许多特点。如果我们政府不采取措施防止人们免费使用信息产品，人们"搭便车"的行为便无法消除，那么就不可避免要出现"盗版"、"盗用"现象，因为"盗版"对于盗版者来说是一件轻而易举的事情。而"盗版"的横行泛滥毫无疑问会影响人们创新的积极性，对社会发展造成明显危害。信息产品虽然具有"公共物品"的许多特点，但它在采取一定的"屏蔽措施"后，还是可以减少其"外部性"，减少人们"搭便车"的机会，让那些使用信息产品的人们向信息产品提供者付费。当然在这个过程中，不仅国家要立法保护信息产品的知识产权，私人也要想办法让信息产品减少"公共物品"的特点，减少其"外部性"，尽可能使信息的使用者向提供者付费，那么在这种情况下，绝大多数信息产品还是可以由私人投资。

另外，网络经济还有一个比较棘手的问题，即产品定价问题。由于信息产品的定价原则不能采用边际成本定价法，这使得信息产品的定价成为一个困难的问题。由于市场的供求均衡点在哪里很难确定，因而一个信息产品生产出来后，该如何科学地定价就成为其走向市场面临的重要问题。这在中国软件产品市场表现得尤其突出：软件产品的定价缺乏科学的方法，于是面对"盗版"问题，许多软件商就开始导演"竞相降价"的竞争游戏，有些甚至是十分盲目的，然而确实也没有更好的应对方法。

因此，对于信息产品，我们不能简单地去认识。实际上，在网络经济发展过程中，我们会遇到更多新的、不可预测的问题，这就有待于我们提高自身素质，从而在网络经济发展过程中扮演一个聪明的角色。

二、网络经济中的"赢者通吃"效应

网络经济中存在一个重要的现象，那就是"赢者通吃"的现象。我们应该如何对待这种现象，是认为它们是"新经济"的新规则，还是认为它们是"垄断"，微软垄断案就是在这样的背景下发生的，政府仍然是以传统的眼光来看待这样的事情。事实上，也许微软案已经不能同以往的垄断案相比拟，因为经济发展模式已大不相同。

我们不能否定网络经济中出现的这种不可避免的现象，市场运行的最终结果也导致"赢者通吃"，这在网站竞争中表现得尤其突出。

1.网络增值的规律是，规模越大、用户越多、产品越具有标准性，所带来的商业机会就越大，收益呈加速增长趋势。某一领域的产品在网络经济中是需要标准化和规模化的。标准化和规模化意味着社会成本的降低，经济效益的提高，其实这是所有网络经济中厂商的追求。这就要求市场上某个企业有能力将它的产品标准化，成为市场的主流产品；而当产品形成标准时，该产品的价值越高，使用的人越多，价格再高也有人愿意买。在这里，价高少买、低价多买的需求规律对信息产品似乎也不起作用：一定限度内，你的软件产品使用人数越多，消费者的口碑越好，就越是愿出高价购买。新的需求规律是：使用者越多，出价越高，或者说是"边际收益递增"。

2.当网络产品形成一定规模后，后来的企业想进入同样的市场难度就越大。因为，存在极高的一次性固定成本，而且固定成本绝大部分是沉没成本（sunkcost）。因此，后进市场的企业就面临着巨大的风险，因为研发不成功、竞争不成功，就无法挽回以前投入的成本。规模优势导致竞争优势，市场竞争的博弈结果是强者越强，弱者没有生存空间。因为一个提供信息产品的企业，一旦面临新进入的竞争对象后，它的博弈策略可以将产品价格降到接近于零。因为一个无限接近于零，但大于零的单位与无穷大的信息产量相乘，收益仍然是无穷大，所以在位企业（如中国电信）不担心降价，甚至可以采取免费定价（如微软浏览器的免费捆绑）策略。博弈的最终结果就是在位企业将欲进入市场者赶出市场。这样无疑会使成功企业的规模越来越大，直到最后形成类似"垄断"的企业。

3. 网络经济奉行"机遇优先"的发展规则，"赢者通吃"的关键就在于"先入为主"。机遇优先，指的是在网络经济中，企业开拓市场的关键在于发现市场机遇、把握机遇，这是获得市场的关键因素，也是网络经济中创新劳动的主要体现。"惟有第一，没有第二"，这导致出现很多"圈地"现象。在网络经济发展过程中，机遇对于企业的发展尤为重要，抢占先机意味着成功了一半，因为网络经济中，在市场竞争初期，初始用户的吸收成本相对低廉；并且网络用户具有独特的消费粘性（其实就是锁定效应），即网络公司很容易培养、保持用户对网站及其产品的忠诚度。随着竞争的加剧，对于慢一拍的竞争者来说，获得新用户的成本越来越高，而从竞争对手处争夺已有用户更不容易。因此，网络市场的先驱者具有巨大的先发优势；最大限度地拓展规模和市场占有率也成为网络公司的长期战略重点，于是网上"圈地圈钱"的游戏就屡见不鲜了。

4. 形成"赢者通吃"的局面还有一个原因，就是信息产品存在"锁定效应"。一个已经形成规模的产品在市场上拥有绝对优势的市场份额，它的产品将形成一种标准，人们在长期的使用过程中已经形成一种习惯，使得改变这种状态的可能性更低。在经济学上，著名制度经济学家诺思（Douglass C.North）提出的"路径依赖"理论可以分析这一现象。路径依赖指的是，在制度变迁过程中，存在着自我强化的机制，这种机制会促使人们在选择初始路径之后，在既定方向的发展中自我强化，而这种强化却不是制度的再次创新。"路径依赖"是网络经济的一个重要表现，信息技术的采用往往具有报酬递增的特点，率先发展起来的技术通常具有先占市场的优势。规模效益导致产品的单位成本降低，普遍流行导致学习效应提高，许多行为者采取相同技术会产生协调效应，在市场上越是流行就越促使人们产生相信它会进一步流行的预期等，利用上述现象可以实现自我增强的良性循环，从而在竞争中胜过对手。

另外，熟悉一个软件或一个系统的学习成本是极高的。从一个信息系统转换到另一个系统时，要放弃原先的知识和经验，重新接受训练，熟悉新软件的操作等，为此要付出巨大的时间和精力等成本。经济学把这一类成本称为"转移成本"。当转移成本高到一定程度时，用户就会被锁定。这集中表现在软件等信息产品上，当人们最初选择了某种软件产品，花了大量的时间、精力进行学习、实践，并达到相当熟悉的程度时，即便他面对一个可能更好的软件，他也不会轻易地接受，而是继续选择他所熟悉的原先那个软件，这即是所谓的"锁定"效应。"锁定"效应使得原先具有规模优势的企业在市场竞争中占有主动权，规模优势使企业的竞争优势和规模越来越大，最终形成"赢者通吃"的局面。

网络经济的最终发展就是走向"赢者通吃"，这是网络经济得以发展的激励所在，也是网络经济发展的最终结果。因此，对于网络经济时代中"赢者通吃"的企业是否就应该被认定为"垄断"是一个值得探讨的问题。

三、网络经济挑战制度经济学的"交易成本"理论

1. 网络经济的交易成本低

首先，是由于网络极大地突破了现实世界的时空限制，信息在网上的传送十分迅速、便捷，时空差距再也不是网络世界的障碍，网络极大地降低了时空成本。比如，网络可以帮助企业突破在与客户和供应商打交道时信息交流交易成本的制约。在传统环境下，企业最基本的成本已经很高，因此更不可能在大范围内采集客户数据并对其进行分析；也很难针对个别用户的需要提供制定服务或个性化服务，很难面对不同市场、不同消费者实施针对性的营销策略。而在网络环境下，企业可以尽可能地减少这些以往难以克服的成本，因为信息在网络上传递和复制的成本很低，信息传播范围的扩大也不会对传递成本造成重大影响，因此企业可以广泛采集客户数据，可以制定并实施针对性的营销策略，提供个性化服务等等。

其次，网络世界是个"比特"世界，所有的网上信息都经过"数字化""编码化"，都是以"比特"的形式存在于网络世界中。"比特"世界与"原子"世界有着极大的区别，一是比特没有重量和质量，而原子却有质量与重量，因此，比特世界没有物理空间与重量的忧虑；二是"数字化"的比特信息可以进行无成本复制，而原子世界无论如何是无法做到这一点的。因此，比特信息永远是供适应于求，无论有多少需求都可以满足，于是网络可以低成本地为更多的消费者服务。

再次，是先进的网络技术可以简化市场交易过程，提升市场中介组织，可以低成本地做到精确经济行为的统计分析。传统经济环境中，许多经济行为不可能作精确的统计分析，因此许多结论或对未来的期望都是十分不准确的。而在网络环境下的经济行为可以采用先进的计算机网络技术（尤其是先进的应用软件），对经济行为进行实时的统计和分析，并能借此做出总结，预测未来以及做出精确的决策。

最后，网络可以减少交易双方信息不对称的程度，提高社会资源的配置效率。经济学理论认为，信息不对称会导致市场交易效率的低下，减少信息不对称意味着减少用于搜寻信息的时间、精力和财力，意味着社会运行成本的降低和社会净剩余的增加。总之，网络所具备的这一切特点是具有大幅减少市场"交易费用"作用的重要原因所在。

2. 网络经济是直接经济

直接经济是相对于传统工业迂回经济而言的，它集中表现在消解中间程序，使生产者与消费者直接进行经济互动。互联网络的本质就在于使时间和空间的距离为零，也就是使经济活动中的摩擦系数降低，接近于零。

3. 网络经济是"个性化"经济

这集中表现为"个性化"服务。之所以能做到"个性化"服务，是因为信息可以无限制地复制和组合，并且网络技术手段使得信息的复制和组合成为一件轻而易举的事情。

第三节　网络经济的定律和原理

一、网络经济定律

网络如同电话一样，只是一种技术手段，任何人任何企业都可以拿来用，不一定非经过网站。在英特尔前总裁葛鲁夫（Andy Grove）看来网络经济的最高境界是没有网络公司，因为到那时所有的公司都成了网络公司。这是很有见识的。无论如何，要通晓网络经济，首先还是要了解一些网络经济学的定律。

定律 1：摩尔定律。微软处理器的速度会每 18 个月翻一番。这就意味着每 5 年它的速度会快 10 倍，每 10 年会快 100 倍。同等价位的微处理器会越变越快，同等速度的微处理器会越变越便宜。

定律 2：吉尔德定律。在未来 25 年，主干网的带宽将每 6 周增加一倍，其增长速度超过摩尔定律预测的 CPU 增长速度的 3 倍。当带宽变得足够充裕时，上网的代价也会下降，在美国，今天已经有很多的 ISP 向用户提供免费上网服务。

定律 3：麦特卡夫定律。以太网的发明人鲍勃·麦特卡夫告诉我们：网络价值同网络用户数量的平方成正比（即 N 个联结能创造 N^2 的效益）。如果将机器联成一个网络，在网络上，每一个人都可以看到所有其他人的内容，100 个人每人能看到 100 个人的内容，所以效率是 10000，10000 人的效率就是 100000000。

定律 4：无限的能力与机会。网络和传统媒体最大的差别就是网络上的每一个用户之间都是平等的，他们拥有同样的创造和白手起家的机会。更重要的是，在网上，每一个人都可以成为一个扩散信息的点。在美国，有很多人在网上完成了他们曾遥不可及的梦想。有一个学生，他嫌网上信息不好找，就做了一个目录。两年后，他成为身价 10 亿美元的创业者偶像。他就是雅虎的杨致远。

定律 5：良性循环带来的收益递增。互联网的发展带来了许多新兴行业的"收益递增"，例如做网上书店的亚马孙（Amazon）和做网上拍卖的电子海湾（eBay）。而且，互联网本身的发展就是一个"收益递增"的过程，也是在良性循环下形成的。由于有不断增长的互联网用户群，才形成足够的经济理由去开创更多的网上内容的服务；由于有不断增加的内容和网上服务，才形成足够的经济理由去投资建设基础设施，使得带宽更宽，速度更快；因为有了更多的带宽，所以有了更多的上网设备。

定律6："物以多为贵"，拥抱标准。共享程度越高的东西越有价值。

HTML、XML 或 InternetExplorer，如果只有一个用户使用，那么它们的价值就是零；只有更多人的认可和使用，一项技术的价值才能得到最大程度的体现。造成"多"的最好方法就是符合"标准"。

定律7：注意力经济。如果能够在网络经济发展过程中成为某一特定领域，如网上售书、网上新闻发布、网上汽车零件，那么它们面临的商机将是无限的。所谓"霸主"，就是在用户心目中，想到某个领域，就想到你。因此，为了得到用户的青睐，网络公司愿意花较多的宣传费用得到用户的"注意力"。

定律8：价格永恒降低。在网络经济中，有几个特殊的现象：边际成本趋近于零，无中间人的抽成，网上所有商品的价格透明，很容易货比三家，开公司的成本降低。前面曾提到"物以多为贵"，越多的人使用一个产品和服务，它的价值才能越高，那么，为了让更多人使用，很多好的产品和服务，开始降价甚至免费。目前大家耳熟能详的网络浏览器 InternetExplorer、免费电子邮件服务等都是这一全新思维的具体体现。

定律9：自我管制带来消费者的天堂。网络经济是一个非常强大和健康的经济体系，因为"物以多为贵"的原则无情地打击低效率和浪费，自动地攻击不合理的利润与迫害性的垄断。在网络社会，几乎不可能有长期的所谓"垄断者"。即使有垄断者，它也不会是一个有害消费者利益的垄断者，因为它必须通过不断降价或提升服务品质，来避免自己已有客户的流失。

定律10：不创新则灭亡。网络经济对消费者固然眷恋，但对网络公司却是相当无情的。如果你幸运地取得了成功，你会发现周围立即会出现多位竞争者。要特别提出的是，创新的定义并不只是局限在技术层面，它包括每一次市场的创新、每一个商业模式的创新。

定律11：自食生存。在旧经济时代，眼前的利润就是目标；在网络经济时代，千万不要因为眼前小利而忽视一场变革的来临，这对你的公司来说将是灾难性的。因此，你应该不再只是被动地顺应变革，而是要预知，甚至促成变革的到来。李·亚科卡（LeeIacocca）曾经说过："当一场变革到来的时候，你要么领先，要么跟随，要么就被踢出历史舞台。"

定律 12：快吃慢、新吃旧。从成立到拥有 10 亿美元的市场值，惠普公司用了 47 年时间，微软公司用了 15 年时间，雅虎用了 2 年时间，而 Nonzero 却只用了 9 个月的时间。在网络经济时代，小公司可以战胜大公司；转型速度快的公司可以战胜速度慢的公司；新的公司可以战胜老牌的公司。没有一家公司可以永远立于不败之地。要得到成功，一定要以最快的速度、最有魄力的作风不断创新。

定律 13：最终必须胜利。尽管网络革命是一次非常了不起的革命，但是，所有公司对股东最终的责任仍是获利。对于一家网络公司来说，股东们可以延长他们对获利的耐心，让公司从注意力开始做起，但是最终它必须能够获取利润。对于这一点，华尔街直到纳斯达克股市大跌时才开始理解。

定律 14：实虚必合。很多人原来认为网络公司与传统公司总是对立的，因为美国在线（AOL）曾挑战传统载体，雅虎曾挑战传统载体，亚马孙曾挑战传统书店。但现实的传统业务与虚拟的网络业务最后终将合二为一。

二、网络经济基本原理

前面说过，网络经济与传统的经济模式有很大不同。但是经济学中的基本定律在网络经济中依然有效，企业在网络经济中还是要依照这些定律经营。这是因为在网络经济中，企业的经济制度（资源配置制方式）同样也是以"市场"为导向的，是以"效率"为核心的，并且"分工"和规模经济是提高效率的主要途径。有人认为，网络经济特别适用于三个经济原理。

1．"专家控制"（expertcontrol）

专家的经验之所以越来越重要，是因为信息在网络经济里传播的成本越来越低。与此同时，在信息使用的总成本里，网上检索和处理信息的成本（例如"时间"）占了越来越大的比重，以至于我们通常只是"知道"网上存在着我们需要的某类信息，却不愿花时间找到它们。当检索和理解信息的费用超过一定限度时，雇用"专家服务"就成为合理的选择。与传统产业里的专家服务不同的是,网络在原则上可以在全球范围内集结"专家服务"的市场,从而每一个专家可以变得更加专业化而不至于损失规模经济效益。

显然,随着专业化的深入,专家与普通人(即从事其他专业的人)之间关于该类专门知识的信息将越发不对称,于是需要有专门从事将这类专业知识与其他类别的专业知识适当整合的工作以应付潜在的大众需求。这样,知识的层次渐渐深化,在最深层的知识与普通人之间的,是一个专家服务的链条,也可以叫作"知识价值链",关于这一知识价值链,普通人感兴趣的仅仅是它所提供的服务的价格,他们早已放弃了启蒙思想家那种对世界做"百科全书"式追究的态度。

2."纵向整合"(verticalintegration)

那些缺乏纵向整合的知识链条总是产生更高的"总体占用成本"(totalown-ershipcost),因为让客户自己钻到知识链条的各个环节里去学会使用深层专业化的知识就等于强迫每一个使用者成为各个环节的专家,而经过纵向整合的知识链条,对使用者来说相当于一个整体商品,只要它的售价低于核定的使用价值,使用者就不必担心将来会支付额外的知识链条的维修费用。

但是从最深层的知识到大众需求层次,原则上可以有无数条纵向整合的道路。通过哪一条路径建构知识价值链,这是企业家承担的工作,他们需要敏锐地觉察到潜在的大众需求,以及满足这一需求的各种可能的知识整合中潜在利润率最高的那些知识链条。

3."大规模的量身定制"(masscustomization)

在传统经济里,为特定客户"量身定制"是很昂贵的,通常意味着特权价格(包含一部分"炫耀性消费"的价格)和超额利润。即便在充分竞争的市场上,量身定制也意味着更高的价格,因为流水线的开通要求最小经济规模的订单。所以,当人们只能以传统方式集结市场需求时,他们只能小批量生产特殊款式的服装,并且支付比大批量生产服装(意味着规模经济)高得多的费用。但是网络彻底改变了这一局面。任何特殊款式都面对着全球范围的潜在市场,而且最重要的是,集结这一全球市场所需要的费用相对而言并不高。对网络经济(例如电子海湾)而言是"特殊"的款式,对全球的客户而言,则是"批量"的,从而使"常规"的商品一旦可以批量生产，就具备了按照相应的规模经济效益降低成本和竞争性价格的技术经济条件，于是整个事情就可以被定义为"大规模量身定制"。

网络经济是一种广泛应用先进技术的新经济。所谓的新经济，是建立在网络经济和技术创新基础上的一种经济形态。在一段时间内，新经济和传统经济可能是同时并存的，新经济的发展并不一定意味着传统经济的衰落，新经济与传统经济各有各的优势，但新与旧的概念是不断变化的，今天的新经济过了若干年后也许会变成传统经济，因为技术的不断发展，会有更新的经济出现。

第三章 网络经济与企业 e 化

第一节 网络时代的企业

伴随着互联网的发展，许多传统优势企业忽然一夜之间丧失了优势，许多新兴小企业一夜之间忽然变成巨人。这一切由互联网给网络经济时代带来的颠覆，改变了传统的市场游戏规则，也改变着传统的竞争规则。许多有创新意识的企业实践证明，网络空间将是 21 世纪重要的战略资源，只有迅速建立网络，开创网上交易手段，才能控制制高点，才能在未来成为世界的强者。正如著名的未来学家托夫勒（Alvin Toffler）所言：“未来生产和生活方式的核心是网络，谁控制了网络，谁就控制了网上资源，谁就是未来世界的主人。”

美国电子协会调查显示，美国信息技术、信息产业、电信的收入比其他企业高 73% 左右。许多信息企业的老板成为百万富翁。

一、新的游戏空间

在网络经济时代，要想在竞争中取胜，网络技术并不是最主要的症结所在，关键在于应用。而应用程度的深浅，关键在于人的意识、行动，以及与本企业的生产经营管理紧密结合。因而，如何利用网络技术和概念去实现企业产品和服务销售的网络化、提高经济效益、增强企业竞争力、扩大销售、降低成本以及增进客户服务满意度等，正是评价企业网络化系统成功与否的标准。

网络通过企业网页建设给企业增加了新的游戏空间，Internet/Intranet 源于 TCP/IP、WWW 和 E-mail，其要使企业管理层、技术层人员在本身业务中能充分利用网络。要做好企业的网页，必须特别注重网页的发布规则，同时还应注意发布内容、发布的安全性管理和发布的时间性规范等。企业的网络化系统主要有企业智能网站管理系统（IntelligentWebSiteManager）、企业内部网（Intranet）、企业外部网（Extranet）、企业电子商务系统（e-Business）、国际互联网（In-ternet）等。

企业内部网的前身是无纸办公，进而是办公自动化（OA）和管理信息系统（MIS）。内部网要解决的是基本经济单元——企业的生产经营活动的信息化问题。内部网运作得好的企业，包括生产信息和管理信息都可以完全依托于网络进行，信息的加工由计算机处理，这在微观经济学上称为企业的货币流、物流和信息流不断循环往复。企业外部网首先是作为内部网的补充出现的，在存在安全问题和各自的内部网技术构造不相同时，作为两个有上下游紧密关系的企业，常常需要有一个交换诸如采购订单之类信息的技术性和业务性的缓冲区。但此时还尚未充分体会到信息交换基础设施的作用。电子商务在互联网时代的发展表明一个新的市场空间或销售渠道正在逐渐形成，而且天生就是基于数字化信息的。先期的电子商务活动还只是利用网络的特性，如一些色彩斑斓的商品的展示、24小时的售后服务跟踪和服务等经营活动的补充，但也有一些新兴的商家开始完全以互联网为销售窗口，如美国的网上书店亚马孙。但相应地，近乎透明的竞争也更加激烈。

互联网的延伸意味着市场的扩大，或者说是企业间游戏空间的扩大，这使任何一个理性的经营者都不能漠视这个正在逐渐覆盖全球的庞大销售网。电子商务在互联网上的活动逐渐超越仅仅依赖先天特性的粗放阶段，向适应市场活动的全方位发展，而互联网的有些特性也会阻碍商务活动的发展，如无状态性、匿名性等。这些缺点现在也已有了多种复杂不一的解决方法，而且还将不断产生新的解决方法。

二、新的游戏规则

信息经济学理论认为，在信息经济条件下，影响企业生产函数的基本要素不仅仅是资本、技术和劳动力，还有信息。信息不灵将严重影响企业经营的稳定性和长期性。网络在给企业增大发展空间的同时，也给企业新的规范，如企业网站的建设、域名注册等。这里的游戏规则是指网络给企业带来的冲击与好处，它使企业间的竞争产生了以下几个方面的变化。

1.网络经济改变了企业之间的合同形式，准确、及时的信息交流使企业合同的稳定性增加，从而进一步加强企业间的合同管理。

网络改变了企业的管理思想。如当前盛行的思想包括：主张重新设计企业业务流程的"企业流程再造"；主张为顺应日益动荡的市场形势并尽快抓住市场机遇，而由不同企业为某一特定任务组织灵活的联合"虚拟企业"；主张企业需进行自我调整和改造以适应调整、变化的环境，成为求得有效生存与发展的"学习型企业"等。这些都是与现代计算机信息网络的出现与发展相联系的，并且必须以其为存在前提。

网络改变了企业的组织管理。纵横交错的计算机网络改变了信息传递的方式，使其由等级型向水平型发展，管理的组织结构也随之从金字塔型向扁平型变化，相互关联的管理组织已成大势所趋。

网络还增强了企业的管理功能，为企业管理提供了新的管理工具。计算机信息网络已成为企业管理的战略手段，它促进了管理业务的合理重组，并综合集成各种联系的管理职能，使管理更科学化、民主化。同时，它还为企业提供了网上调查、网上招投标、网上税收、网上科研开发、网上培训、网上财务等大量新的管理工具，提高了管理的效率。

2.网络经济不仅为消费者和企业提供了更多的选择消费与开拓销售市场的机会，而且也提供了更加密切的信息交流场所，从而提供了企业把握市场和消费者了解市场的能力。计算机网络的发展改变了企业的营销方式，消费者的购买行为日趋个体化，生产者对市场机会的反应更加敏捷，双方直接交易的可能性增加了，而中介商的作用被削弱。同时，消费者在交易中的主导权更加突出，而且由于互联网的开放性和公众参与性吸引了越来越多的网络用户，从而大量企业竞相在互联网上进行营销活动。

3.网络经济促进了企业开发新产品和提供新服务的能力，使企业能迅速了解消费者的偏好、需求和购物习惯，同时可将消费者的需求及时反馈到决策层，从而促进企业针对消费者进行研究和开发工作。

计算机网络技术在企业生产中的应用与制造活动相结合，出现了计算机综合集成制造、企业资源计划系统等新的生产和管理方式。这种方式提高了企业生产的敏捷性和适应性，使高质量、低成本的产品与及时供货和周到的服务相结合，把时间和服务同质量和成本并列为企业生产的要求。

4.网络经济扩大了企业的竞争领域，使企业从常规的广告竞争、促销手段、产品设计与包装等领域的竞争扩展到了无形的虚拟竞争空间。

网络的国际化和电子商务的日益推广，使企业业务国际化、全球化的发展更加势不可挡，使企业的服务及其功能的多样化与日俱增。企业可通过网络进行各种业务的管理，如网上交易、网上广告、网络采购和网络报税等。网络也促进了企业之间采取多种形式的灵活组织，如实时企业、虚拟企业、策略联盟和项目小组等，以增强企业的竞争力，抵御各种市场风险。

5.网络竞争消除了企业竞争的无形壁垒。网络在一定程度上降低了新企业和中小企业进入竞争市场的初始成本。无论是大企业还是中小企业都能以低廉的成本与全球的客户做成生意，在竞争形式上与企业的规模无关。

实践证明，网络经济下企业的竞争力已与企业的网络建设正相关，计算机对企业的发展起着越来越重要的作用。

三、10 倍速和战略转折点

1.10 倍速

当亚当·斯密等经济学家为我们的经济生活制定游戏规则的时候，也许他们会想到今后会被新的游戏规则所取代，但他们无法想象有一天，他们的金科玉律会被肢解得七零八落，尤其是在今天一种被称之为"IT"的行业里。传统的成本、利润概念在零成本、高利润面前溃败，传统的高附加值必定伴随高价格的铁律羞愧于"产业升级价格降低"，"10 倍速"超越了周期定律，资本主义遇到"知本主义"等现象，使传统变得苍白，"10 倍速"使一直指导我们十多年来实践的理论基础，从社会言听计从的地位，沦落为目前"姑妄听之，姑妄信之"的地步。成为比尔·盖茨带领微软向前发展的动力的"离破产永远只有 18 个月"，未来学家、全球著名的风险投资人尼葛洛庞帝的"预测未来的最好办法就是创造未来"，这一切皆来自 IT 行业的创业神话，第一次揭示了跨越传统经济理论一步甚至几步的可能。

IT 行业在重新诠释着我们现在的经济生活，越来越多的人追逐着创造新的经济游戏规则。

以前的技术创新需要很长的时间，技术创新的平均生命周期在 19 世纪约为 70 年，战后缩短为 50 年，20 世纪 80 年代进一步缩短为 10 年，而目前仅为 3 至 5 年。但以现在 IT 行业的发展速度来看，计算机每 18 个月功能就会翻一番，两年后 PC 机的处理能力可以达到每秒 10 亿次，一张光盘可以容纳 500 册图书（每本书以 300 页计），而 10 年内，这些数字会增加 1000 倍。可以肯定的是，未来的发展属于 IT 行业，未来是互联网的世界。广播发展了 37 年，拥有 5000 万听众；电视则在 13 年内就拥有了 5000 万观众；而互联网仅在短短 7 年内就拥有了 3 亿网民。在这种发展极度快速的生存环境下，只有不断地创新和极大的危机感才能保持企业旺盛的生命力和竞争力，可以说 IT 行业的发展改变了竞争的性质。网络在不同的市场界面中，不断地创新着商业运作模式，而 IT 行业的发展改变着和创新着市场竞争的架构。

网络技术的发展与运用，特别是互联网作为一种"10 倍速"力量，它改变了市场运作形态，改变了市场竞争的游戏规则。互联网作为一种自由的、开放的、平等的和近似免费的信息传输和双向沟通渠道，突破了信息沟通的时空障碍和技术障碍，使得全球任何一个地方的任何一个企业或者个人，无论企业规模大小，无论是企业还是消费者，都可以平等自由地利用互联网与世界上其他任何一个地方的人或者企业进行沟通。

另一家明星企业思科公司，主要生产路由器等网络设备，成立于 1984 年，1996 年在世界 1000 家最大企业排名中跃升至第 53 位。这意味着一个仅有 12 年历史的小公司以 334 亿美元的市值超过了位居第 64 位的航空工业巨人波音公司。无论是其管理水平，还是资金实力，都不可能与历史悠久的波音公司相提并论。然而又是什么原因戏剧般地让思科超过位居第 64 位的波音公司？

互联网正以"10 倍速"力量推动着网络经济时代的发展速度，成为企业成长和发展的关键，这一切都是单纯的一个企业所无法控制的。企业只有通过寻求与其他企业合作和共同发展，才能稳妥地搭上以"10 倍速"快速增长的网络经济时代的列车。"10 倍速"变化可以影响企业的某种因素或企业的某一部分在短期内将势力增至原来的 10 倍。"10 倍速"变化到来的时候企业将面临一场巨变，使超竞争因素得以出现。当重大技术渗透并服务于整个经济和社会时就会发生经济的爆发性生长，正如 1850 年前后出现的铁路，20 世纪的电子和 1950 年前后的汽车工业一样。网景的异军突起、思科的后来居上表明，人类社会正在从传统经济向信息经济转移，为这种转移提供动力的公司成为新一代的企业明星：石油大王、汽车大王正在被电脑大王、软件大王所取代，而网络则是未来的王中之王。其实网络一直是人类文明进程的重要标志，水网的出现使农业从游牧变为农耕，从散居过渡到城市，而工业经济的确立与发展的最重要基础是公路网、电网、铁路网与电话网。新一代网络经济的基础设施，为新经济发展奠定了基础。网络技术的革命与互联网用户的爆炸性增长在世纪之交叩响了网络经济的大门。

2. 战略转折点

正在发生和即将进一步发生的这种由物质经济向网络经济的深刻转变，是人类文明有史以来最广泛、最深刻的转变，抓住了这个大变革的最好时机，抓住了这个生产力大发展的机遇，也就掌握了网络经济中的主动权。在业已形成的这股信息化的世纪风暴中，世界经济面临着前所未有的双重挑战，正处于重要的战略转折点。

如果说工业革命是人类历史上一道不同国度发展与停滞的分水岭，那么信息革命则创造了在世界范围重新洗牌的机会。整个 20 世纪的文明是以铁路、石油、发动机为核心的动力文明，使人类的体力得到延伸，而信息革命则是以微处理器为依托，使人类的智力得到延伸。新的经济需要新的经济基础设施。工业经济最重要的基础设施就是铁道网、电力网、交通网等各种动力网络，而网络经济的基础设施是高速数据通信网。在网络经济中，无形资本代替了传统金融资本的地位，智慧资本成为新经济的核心资本。在 19 世纪的历史转折中，美国的南北战争以北方的胜利确立了美国工业化格局的开始；日本的明治维新使日本走上工业强国之路。正是对工业革命所创造的发展机遇前瞻性的把握，使原本落后的美国和日本远远超过了工业革命的发源地、老牌工业帝国——英国。当新兴工业化国家和发展中国家与美、欧、亚等发达国家共同闯入信息技术革命所引发的新一轮竞争时，全球竞争风云再起，战略转折点再现，网络经济为不同国度综合国力的重新排名造就了又一历史转折机遇。

这场以网络技术为核心的网络经济革命对发达国家与发展中国家而言都是一次千载难逢、跨越发展的契机。这种契机是由于技术革命的快速反应使传统的基础结构如不从根本上被打破就难以适应新的生产与发展需要所创造的空间。这种契机在大的技术变革中频频出现，用英特尔公司总裁安迪．格鲁夫（Andrew S. Grove）的名著《只有偏执狂才能生存》中的话描述，这是由"10 倍速变化"造成的"战略转折点"。以互联网为核心的网络技术革命是传统的工业经济与网络经济的战略转折点，而在这个战略转折点上，我们与发达国家的差距最小。

在传统的工业经济中，如汽车、半导体与银行服务业，我国落后西方发达国家数年、甚至数十年，要弥补这样的差距仍需数十年的努力。而在以网络为中心的新经济发展过程中，我国对网络经济的掌握水平和应用程度与国外的差距却非常之小。在这样一种全新的技术革命面前，我们与国外差距之小是我国信息工业发展的契机所在。

抓住这次机会对奋力追赶世界的中国意义深远。在 19 世纪之交所爆发的工业革命中，中国由于种种原因，没有抓住历史变革的契机，结果造成了近一个世纪的落后和苦难。至今，我们仍在致力于缩短在钢铁、汽车、化工、铁路、自动流水线和家电等领域的工业化差距。而在全球范围内，信息化进程已开始，网络经济潮头所至之处，无不发生着深刻的变化。中国在工业经济与网络经济双重压力下，又一次站到了历史的十字路口。一方面我们要完成工业经济建设，建成世界上最有规模、最有质量、最具资本竞争力的现代工业体系；而另一方面，我们要形成 21 世纪真正的国家核心竞争力，必须要面对追求效率、标准与智慧资本的经济挑战，在工业化的同时要完成信息化，这就是中国在网络经济环境下面临的双重挑战。如何面对工业化与信息化的双重挑战，如何提高网络经济中国家的核心竞争力，是中国企业必须思考的。

第二节 网络企业的实现

一、网络企业基础结构

从宏观经济学的角度来看，每个单独的企业都只是一个相互联结的商业生态系统的一部分，其中的每一个都以这种或那种方式依赖于他人。从这个意义上说，从有商业的那一天起，网络企业就已经存在了，网络运算和因特网更将其推上一个更高的高度。这意味着公司可以开拓出全新的相互合作的方式，设计新的超企业的结构和实体，以获取市场的竞争优势。

这种新的方式创造了一个世界，其中的每一个人都被紧密联系着：（1）在组织之内由 Intranet 联结；（2）在业者、供应商、顾客之间由 Extranet 联结；（3）在组织、业主、家庭和客户之间由 Intranet 联结。

从最简单的意义上说，网络企业是建立在通过网络计算进行的商业交易的基础上的。对于大多数公司来说，出发点就是企业的 Intranet，它允许企业的雇员在任何时间和任何地点都能安全地获取企业的资源。下一步是扩展这种能力——通过安全的因特网联系——至商业合作者、供应商、分销商和零售商，以及外部资源合作者、远端雇员和顾客。这也意味着对电子商务的支持，从而在电子市场上引入新的市场和顾客。最后，网络企业拥有能提供支持因特网基础结构和增值技术服务的供应商。这包括渠道供应商、交换负载、支付中介，以及其他电子市场所必需的服务。

从商业前景来看，网络企业给公司以自我成型和自我管理的能力，使其可以形成最适合自身的商业目标及最能满足其顾客和合作者的愿望。

回顾信息技术革命，使公司拥有竞争优势的不仅仅是技术，它实际上是信息本身。花旗公司的前首席执行官沃尔特·里斯顿曾经说过："信息对于金钱就像金钱本身那么重要。"很明显，占有这些信息，并能够以新的强有力的方法去研究和分析，就能直接得出客户需要什么样的产品，以及可能会在何时购买等有价值的信息。

但是仅仅拥有好的信息是不够的，能以有效的方式收集、储存、分析和归类信息的技术工具也是同样重要的。由于计算变得无所不在，这些经理们不仅仅需要思考如何有效地利用信息，而且需要思考如何使信息完整和安全。随着因特网成为普通计算、电子商务、新传播模式和不断涌现渠道的平台，以前只是对于少数特殊的应用程序来说才重要的时效性、高效性、高性能和可升级性，现在对于因特网而言同样是关键性的。

随着信息系统变得越来越异质化和分权化，信息技术组织必须转变成一个建筑师的角色，计划和设计企业网络而不仅仅是使用现在网络。由于信息技术开始扮演数字经济中的商业创造者的角色，而不再只是一个工具，这使得信息系统（IS）的构造必须从技术推进型向业务推进模式演进。这就意味着 IS 构造的改进要在与业务决策者的紧密合作下进行。

要构造的这个强有力的、可以完全支持网络企业的公众基础结构，可用一个三级模型来描述。第一级由网络平台和设备构成，允许终端用户和顾客便利地利用因特网的强大功能。第二级由一系列的实现技术组成，它们在激发具有战略意义的新型因特网应有的成长上可以发挥杠杆作用。第三级是平台、技术、合伙者、应用程序和服务的综合，向客户提供在合作、电子商务和经营管理上的解决方案。

1. 网络平台和设备

这是所有网络企业的最基础级结构，由能使因特网正常运作的网络平台和设备组成，其中的设备可以是从便携式的手持设备到高级的企业服务器，其上运行的操作系统也可以是 WindowsNT 或者是 Unix。光电扫描仪和数字相机扮演了数字入口的角色，将多媒体信息引入电子基础结构，网络打印机扮演的则是数字出口的角色。企业的任何一部分都要以网络产品和平台为中心，甚至检验和测量仪器也要有 Web 形式的前端与终端，以保证与企业的其余部分很好地融合。

Web 与因特网标准是万能的桥梁，使各种不同的企业和计算机系统可以相互连接。难以想象每个家庭或办公室都使用自己独特的电子出口会是什么样子。这会使得连邻居的电子工具或仪器都无法使用。这恰恰是现在计算机领域存在的情况——很多平台和应用程序是不兼容的。

2. 实现技术

第二步是用这些平台构建一个企业范围内的，以网络为主导的基础结构。这是第二级，是建立网络网际企业所必需的实现技术和中介的解决方案。其中有三类关键的技术：管理／测量、数字图像、安全性。

（1）管理／测量。管理与测量技术应用于两个相互区别而又相互联系的环境：网络管理和过程管理。

①网络管理。由于企业网络在规模和复杂性上的增长，企业必须能管理和整合同时具有 WindowsNT、Unix 和主机结构的复杂环境。

网络管理是检验和测量发挥作用的起点，首先必须解决一个执行问题。如果不能测量，就无法改进。通过使用新型的智能传感器，可以将整个企业联系起来，使得分布式测量和控制成为现实。使用实时收集数据的应用软件后，就可以将来自物理世界的信息和企业商业信息系统耦合起来。

测量与管理的结合也使得网络管理者可以看到他们的 Intranet 是如何运行的包括关键服务器的响应时间、最常用的应用软件，以及使用高峰的发生时间。

②过程管理。管理的第二个要素包括过程管理工具，制造商和供应商用它们在供应链中建立合作关系。通过在系统的核心设置关键过程，制造商、中间商和分销商可将生产的计划活动整合起来。这样一个固定的供应商可以带来很多益处，包括更短的生产周期、更少的存货、更快的销售，以及更大的市场份额。

（2）数字图像。数字图像也正在成为因特网的关键技术。大多数人都认为，互联网上的商业成功的关键在于强迫能力。现在大部分公司都已经有了或正在发展这些战略，将它们的内容以索引、应用程序或市场资源的形式放在网上。

但是现在，网上的多数图像并不具有图片的性质，主要是因为以现有的网络速度将它们下载打印是不现实的。更复杂的情况是，有大量不同格式的图像文件，但是很少有主机应用程序可以支持它们。

即使如此，现在一些公司，如惠普等正在发展新的技术，使网上的大量商用可视媒体更加实用和无所不在。展望将来，我们将看到一类新的因特网商用图像应用程序，包括图像出版和散播软件、索引软件、画廊和博物馆的应用软件、股票图、个人图像、房地产等等。

（3）安全性。正如在上面强调的，安全性可能是网络企业实现目标所需的最重要的技术。安全性的解决分为三个部分：入口服务、平台安全性和安全性管理。

①入口服务。包括能保证企业的参数安全和交易安全产品。

②平台安全性。可以保证应用程序服务器、客户机、网络器具和网络通信的安全。

③安全性管理。使鉴别、授权、整体安全性政策管理、监督得以开展的中央存储器。

3. 主机的解决方案

第三步是将实现技术的基础结构和它的组成部分融合成一个能为客户提供真正的商业便利的电子商务解决方案。

二、网络企业经营环境

网络化经济不是简单地对原有经济环境的改进，而是一种根本性的改变、是一种全新的经济环境。大多数管理者考虑的仅仅是在一个行业内的产品竞争。网络经济要比这复杂得多。企业将越来越多地处于复杂的跨行业关系之中。实质上，公司在这些复杂的生态系统中为争夺统治地位而进行着竞争。随着贸易在全球范围的网络化，产品之间的竞争将更加残酷，维持利润的关键将是对你所处生态系统的深刻理解，以及如何在这个生态系统中谋求发挥关键作用。新的企业将融入网络化生态系统，这个系统超越传统行业联结着各种企业。对于如何控制网络化企业生态系统以跻身于成功者之列，管理者将需要更多的远见和理解。

由于电子辅助竞争的日趋残酷，许多企业将面临失败的命运，但其他企业将利用这种新的机制实现对全球生态系统的主宰。增长速度将远远超过企业发展历史的任何阶段。针对这种情况，网络企业应该对自己的财富创造过程进行事实监控，并不断进行调整。

1. 速度成为竞争取胜的决定因素

在所有行业中，技术都在日新月异地发展着。无所不在的计算机网络使得一切与经营有关的环节都加快了节奏。网络使快速反应成为可能，同时由于竞争也使快速反应成为必要。在许多情况下，速度成为竞争取胜的决定性因素。

（1）识别新产品要求。

（2）把产品推向市场。

（3）实施新服务。

（4）改进产品。

（5）对流行时尚做出反应。

（6）满足新顾客需求。

（7）控制库存和分销。

特别重要的是，要最大限度地缩短从新产品、新服务概念的产生到通过销售形成现金流的时间，为此网络企业设计的一个重要特征就是要实现由概念形成到现金时间的最小化。

2. 网络企业设计充满变化和不确定性

网络化企业应设计成充满变化和不确定性，并据此在与那些把变化视为问题的企业的竞争中取得优势。变化和不确定性是竞争的源泉。

为应对这种不确定性，应该使网络化企业不断变化。这主要包括三个方面，第一，对于那些在新的方向上突然发生变化的事件，网络化企业需要做出反应；第二，需要不断改进产品、发明新产品；第三，经过设计，网络化企业能够自我发展，既包括不断的改进，又包括适度的飞越。

网络化系统具有始终处于警戒状态的传感器。企业在利用网络化系统彼此对抗和竞争的过程中，网络系统不断发展，必然会导致电子复杂性的提高，以及反应时间的降低。

3. 数字神经系统与价值流

网络化竞争的最终结果是，网络化企业之间的竞争正变为快速行动、自动化、灵活和全球化的竞争。网络化企业通过电子方式与为数众多的伙伴连接。借助这种连接，企业之间可以更好地互相帮助。生产厂家可以准确地了解零件商店在卖什么，因此可以立即转变销售模式而供应商也可以及时地供应零部件或原材料。计算机辅助设计（CAD）部门可以与转包设计部门进行连接，从而密切合作开发新产品。企业不再与供应商讨价还价，而是联合起来尽快把产品推向市场，或者实现其他共同利益。随着企业间关系的重塑，经营哲学和态度将发生巨大变化。

随着网络连接在企业间的建立，监控过程和持续的调节变成了一种协作过程。当网络化企业彼此连接后，每一个企业都对财富的创造过程进行监控，并不断进行调整，因此也影响到它的贸易伙伴。一个企业的计算机监控到某一特定状态，就会发送信号提示其他企业的计算机采取行动。例如，货物在工厂的消耗，或是工厂改变生产计划，一个供应企业监控到这一点，然后按新的生产计划，以正确的顺序发货；超级市场将某些货架空间分配给选定的供应商。随着商品的售出，商场的计算机会通知供应商及时供货，并进行结算，这就使商场在这些货物上实现零库存费用。

三、网络企业的独特能力

网络化企业的物质基础是计算机的投入，企业在网络经济时代要想有更大的发展，必须拥有一种独特的能力，这种独特的能力被称为战略价值流。它不但能够使企业比对手行动得更快，而且会经营得更好。

价值流指企业内实现某一特殊结果的一连串活动，该活动将特定结果给特定类型的顾客或最终使用者。有时，价值链被称为是一个"过程"。更确切地讲，价值流不仅仅是"过程"，而是把特定结果输出给特定顾客（外部的或内部的）的一系列相互衔接的活动。

在大多数企业中，增加价值的最主要方式就是识别最关键的价值流，并依照网络化企业的敏感性机制重建价值流。有时与传统企业的情况相比，重建的结果有着惊人的不同，例如，它可能使用虚拟方式，与有特殊技能的组织实行灵活的连接。

网络化企业经济正在改变着竞争的实质。我们看到许多企业正在建立一种联系，通过这种方式将它们与跨行业生态系统连接在一起。而其中赢利最大的企业是那些在所处生态系统中拥有统治地位的企业。了解不断进化的生态系统对确定价值链的特色至关重要。

网络化企业兴起的一个关键性问题是"我们应该在什么地方努力"，回答应该是"集中精力使企业在竞争中与对手根本不同的价值流，使企业具有特殊能力的价值流"。这种特殊能力是对手无法模仿的。

　　而对每一个企业主管来说，关键的问题是："在我们所有的价值流中，哪一个对取得竞争胜利最为重要？如果要对某一个价值流进行彻底的再造，它应该是哪一个？在对它进行再造时，要取得什么样的成果？"

　　而核心能力是用于多种不同产品的关键性能或使这种技能成为可能的技术。这就是网络经济时代的突出现象。企业的目标是在一定程度上掌握核心能力，并且使竞争者不能很快模仿。一旦一个企业掌握了一系列的核心能力，它就能够以比竞争对手更快的速度推出各种各样的新产品。

　　在快速变化的网络化企业时代，策划和发展核心能力是至关重要的。核心能力的发展是需要时间的，但是一旦具备了核心能力，就能够以闪电般的速度推出新产品。通过对不同单位中使用的核心能力的集中策划，使像佳能、索尼、日产、卡西欧和本田这样的企业能够在多种易变的产品线上快速发展，而且速度远远超过竞争对手。

　　核心能力有许多不同的类型：计算机辅助设计（CAD）技术使用、产品设计、软件开发、宣传手册设计、生物设计、多样化的技能培训等。产品和服务正在变得越来越复杂，这就需要一系列不断发展的核心能力。越来越多的企业无法在自己内部实现所需要的全部核心能力；它们需要建立伙伴关系，形成世界级的核心能力。

　　关键价值流经常需要多种能力。高层管理者应该从战略价值流的角度看待其事业，需要在一个优异的水平上执行这些能力，使竞争对手无法轻易抗衡。

　　核心能力与战略价值流是不同的，但却是网络化企业的设计中互相补充的两个方面。核心能力和价值流改变了企业设计，同时也提出了关键性的网络化企业问题："我们战略价值流是什么？在什么方面，我们可以做得比对手好？在未来，我们如何以新的方式利用这些能力和价值流？我们应该对哪些价值流进行重新构建，才能既满足顾客，又为竞争对手设下障碍？"

　　要使战略价值流在竞争中保持不败，经常需要高度复杂技术的发展。为在竞争中保持差异所需要的软件，通常是不能从脱离货架的商品包装中得到的。一般企业在软件包装方面是做得很好的：独特的价值流使用独特的软件，为独特的获取者能力建立系统，经常是信息技术组织唯一重要的工作。信息技术应该将主要精力集中于能够真正带来独特性的活动。负责获取价值流的主要人员应该与信息技术组织保持密切联系，只有这样才能保证创新过程良好运行。

对战略价值流的运作应像一个丛林捕食者，每一个人都对每一个改进的可能性保持警觉，这种战略价值流可以成为一种关键能力，使得竞争者很难模仿。这为提供持续竞争优势的不断革新奠定了基础。

一旦某个能力被认为是战略价值流，那么它就会变得清晰。这一价值流应该由跨职能小组按照网络化企业原则执行，利用一定的技术使小组的能力最大化。经过设计，它应该尽可能直接地实现战略目标。

一旦战略价值流按网络化企业模式运作，价值流小组应该为战略思想提供大量的投入。在帮助估计趋势和运用创新、保持竞争领先方面，价值流小组是一个很大的资源。

在任何一个行业，都有许多种赢利能力。赢利能力在一个行业的各种业务中变化很大，远远超过了它在各独立行业中的变化。为了保持领先，企业往往需要有难以复制的资产，或难以模仿的技术。这些资产或技术是不能从商店的货架上买到的；它们必须通过投资、开发和学习获得。而这个结论也正体现出网络经济时代的特色。

第三节　企业网络建设

一、企业网络建设基础

在当今信息化社会中，企业之间、企业与客户之间、企业内部之间的信息交流日益频繁，商业信息的交流与共享变革越来越重要。建立企业信息网络，有助于企业员工及时准确地获取信息和处理信息，提高企业竞争力，使企业不断壮大和发展。

1.网络系统目标和设计原则

（1）系统目标

系统初期目标：完成遍布企业各个部门的布线系统，为网络平台的建立提供足够的信息点；提供性价比最优的网络连接，实现所有信息点联网；建立基于NTServer的网络服务器，实现文件和打印共享；建立邮件服务器，实现企业员工方便的交流和协作；实现企业信息网与互联网的连接；制作企业自己的主页，在Internet上广而告之；建立企业数据库，为后继业务应用系统的开发奠定坚实的基础；将原来单机的一些应用，尽可能移植到网络上；开发企业迫切需要的业务应用系统（如合同管理系统、报价系统等）。

系统后继目标：开发复杂的企业业务应用系统，推进企业信息化；实现企业主页与数据库的动态链接，利用Intranet技术构造综合查询系统；增强企业网络和信息运行的可靠性；扩充和升级网络；逐步引入数据仓库，建立企业的决策支持系统。

（2）企业信息网设计的原则

设计一个优秀的信息系统，用户对每个部分都必须进行系统、全局的精心策划。这样，用户设计的信息系统才能满足企业的时间需要，从而设计和建设一套性价比高、平滑扩充性好的系统。一般来说，用户在规划和设计企业信息网时，需要遵循如下几个原则：

①满足企业的实际需要，量体裁衣。

②坚持开放性原则。

③坚持标准化原则。

④坚持高效率、高可靠性和安全性原则，合理配置设备，使用户的投资发挥最大的效能。

⑤坚持实用性原则，方便操作和维护，以应用为主导进行系统集成。

⑥坚持可扩充性和技术先进性原则。

2.设计之前的需求分析

在对企业信息网的规划和设计之前，对企业信息的需求进行分析是十分必要的，它对于建立完善的、符合实际需要的信息网络起到积极作用。

信息网络的需求分析主要完成如下几项工作：

（1）通过需求分析，了解现有的环境和现有的应用系统。了解一个企业原有的计算机应用现状，对规划好信息网络方案是十分必要的。现有的应用系统都是在一定的历史条件下形成的，这里除包含计算机软硬件资源外，还包括应用对象对系统地掌握与熟悉，一旦环境发生变化后，如何使用户平滑过渡，这在网络规划时都应考虑到。

（2）通过需求分析，了解哪些应用系统具有保密性。需求分析阶段，可以了解到在一个企业的信息网络系统中，哪些应用系统是保密的，哪些是开放的。对于保密的应用系统，在网络规划和设计时，制定安全策略。例如，一个企业的人事管理系统和财务管理系统，除禁止外来用户的访问外，也要防止内部非法用户的访问。

（3）通过需求分析，可规划网络划分。在规划一个企业的信息网络时，应该了解部门与部门之间，部门内部之间的信息流量。一般来说，将数据交换最为频繁的用户组织在一个网段上，用以抑制整个网络的广播风暴，可以提高网络效率。

（4）通过需求分析，可以了解对网络带宽的要求。在规划一个企业的网络时，通过需求分析可以了解不同的用户对网络带宽的需求。特别是现在，随着多媒体技术的发展，用户对网络带宽的需求有很大差异，这在网络规划阶段必须十分注意。特别是一些公共服务器的接入，如公共文件服务器、公共数据库服务器，应采用高带宽技术接入。

3. 方案设计

（1）网络主干网技术选型。考虑到企业网络的实际规模、现状和将来的扩展要求，推荐利用交换式快速以太网技术搭建其信息系统的主干网络平台。这样使网络从一开始就上升到100Mbps速率的高度，为了减少网络的碰撞，可将服务器和一些重要工作站直接挂到100Mbps速率的端口上。同时网络可便于将来网络的扩充或升级，在满足用户的实际要求的同时，保护了用户的投资。

（2）网络操作系统选择。如果企业没有局域网络，在选择网络操作系统时，不必考虑与以前旧系统的兼容问题，可以把最新的、最先进的网络技术应用起来。

（3）数据库平台的选择。建立企业应用系统，显然，小型的数据库（如Foxpro 等）不能满足大数据量的需求，必须选用大型数据库平台。同时为了保证数据格式的一致性，避免过多的数据接口和数据转换，必须选用统一的数据库平台。

（4）企业应用系统的开发。建立一个信息系统，除了网络设备和操作系统等必须认真选择外，还要选择合适的数据库系统来存储和管理信息，同时更要选择好符合自身需要和技术发展趋势的应用系统。网络平台搭好了，就像高速公路建设好了，但在高速公路上如果没有汽车在跑，高速公路也失去了应有的作用，而这里"汽车"就是用户迫切需要的应用软件系统。

① Intranet 技术。利用 Intranet 技术建立企业内部的网络，Intranet 最明显不同之处在于：Intranet 是建立在企业内部范围内，外来者访问要受到防火墙的限制。另外，Intranet 具有更高的带宽，使多媒体信息可以传输。

② Intranet 系统结构。Intranet 系统结构是从客户机 / 服务器基础上发展起来的，将服务器进一步深化分解成一个 Web 服务器和一个或多个数据库服务器，从而成为三层 C/S 模型，可以笼统称为浏览器 / 服务器（Browser/Server）结构。在客户机 / 服务器模型中，所有的客户端需要配置几层软件（操作系统、网络协议软件、客户机软件、开发工具及应用程序等），称为肥客户机。而 Intranet 体系中，服务器集中了所有应用逻辑，所有的开发和维护均在服务器端完成，客户端只需装上系统、网络协议软件及浏览器，称为瘦客户机，通过浏览器从 Web 服务器上获取信息，Web 服务器通过 HTTP 建立内部主页并与各相关数据库进行超文本链接，从而使客户机用浏览器查询所有网络服务器上的信息。

③信息平台的构建。针对企业应用的实际情况，基于对数据库系统、Web 技术等理解和实践，对企业信息平台的建设提出了如下建议：利用全新的 Intra-net 技术构建整个企业信息系统的信息平台，是一种非常切实可行的先进方法。但是，Intranet 在应用系统的开发方面还缺少成熟的开发工具，为了保证整个系统成熟、可靠和高效，在开发关键事务应用系统时，还是采用目前用的 Client/Server 方式和成熟的开发工具，构成企业信息系统的基础。

Intranet 技术初期在企业中的应用，主要是在具有一定网络和信息规模的基础上，通过浏览器和 Web 服务器，让用户和企业员工访问静态的企业数据，同时借助群件技术实现 E-mail 通信、部分办公和业务流程自动化，具体包括：发布宣传、通知、日程安排等信息；发送电子邮件；企业产品信息和价格信息；为相互合作和建立工作组提供工具，实现业务流程的自动化；访问国家互联网，将企业全面推向社会等。

随着信息量的发展，企业信息可引入查询工具，实现对静态数据的动态查询，实现数据库与现有应用软件通过 Web 接口的对接，开发综合查询系统，使企业员工通过简便易用的浏览器提供更为全面的信息查询和访问，实现对动态数据的动态访问。

（5）电子邮件系统的建设。发送电子邮件是 Intranet 中最常见的一种应用，其便利性、快捷性和实用性有目共睹。本例中建立一个统一的邮件服务器作为企业的电子邮箱，一方面企业内部可以通过各自的 E-mail 相互通信，另一方面，所有 Intranet 用户都可以与企业内部的员工通过电子信箱相互通信。企业可以不必向电信部门申请员工的 E-mail 地址，而在电子邮箱里统一配置。

二、大型企业网络主干的选择

在大型企业网络建设时，由于工作站众多、也有多台服务器，存在不同或者相同的多个子网，所以，选择骨干网就显得尤其重要，建立快速大型企业网络的骨干网时，从目前常见的高速网络技术来看，用户要么选择 ATM，要么选择千兆以太网。

那么到底选择 ATM 还是千兆以太网技术呢？哪一种技术能够工作得更好？哪一种技术具有更长远的价值？从技术角度客观的分析看，应该说没有一种技术能够满足所有的网络需求，而在很长一段时间内也不会有包治百病的解决方案。下面集中讨论的是关天 ATM 和千兆以太网技术的一些重要的技术因素，而这些因素在现在和不远的将来都是用户建立企业网络骨干网时必须重点考虑的。

1.ATM

作为一项从 20 世纪 80 年代就已经提出并发展的技术，ATM 目前非常成熟，并且在现在乃至将来相当长一段时间内都具有如下无与伦比的优势：ATM 技术可以提供一套完善的网络协议和指令体系来保证网络的可靠性；ATM 技术能够为不同的业务定制不同的业务质量，并能够为实现这种服务质量提供网络业务整形、业务调度、排队、管制等流量管理手段；ATM 技术不仅定义了有关网络管理方面的协议，还定义了作为网络该如何管理，提供了充分的网络管理能力；ATM 技术提供了一套相应的路由和信令机制来保证网络的不断扩展和延伸；ATM 技术具有高速的端口速率和大的交换容量；ATM 技术具有组建 VPN 的能力。

不可否认，ATM 确实是解决目前网络存在问题的理想手段。事实上，ATM 技术在提出之初，为的就是实现解决一切传统网络存在的问题。但是，ATM 技术从一开始定位的目标就太理想化了，从而导致 ATM 实现非常复杂。相应地，由于ATM技术过于完善，其协议体系的复杂性造成了ATM系统研制、配置、管理、故障定位的难度，所以 ATM 网络设备也非常昂贵，价格一直居高不下。

2. 千兆以太网

千兆以太网是 10Mbps（10BASE-T）以太网和 100Mbps（100BASE-T）快速以太网连接标准的扩展。千兆以太网采用以太网和快速以太网的标准，保留以太网的帧格式、流量控制及链路层管理，因此千兆以太网与 10BASE-T 及 100BASE-T 是完全兼容的。在以太网和快速以太网上已经应用很久并非常成熟的 IP 子网的结构和地址都可以用在千兆交换设备上而无须任何改变。另外，网络管理员由于非常熟悉以太网，可以轻松地管理千兆以太网，在他们眼里，所不同的仅仅是比快速以太网快十倍、比以太网快百倍而已。

由于千兆以太网能和用户目前广泛使用的网络融合在一起，并在速度上有很大的提高，所以它可以作为一种快速、经济的 ATM 的替代品。和 ATM 一样，千兆以太网使用户容易地支持那些对时延有严格要求的传输。千兆以太网异常宽的带宽帮助改善了 QoS，规范化迟滞时间把视频抖动和音频迟滞降到最低。与ATM 技术相比，千兆以太网具有更多的经济性、向上兼容性和与其他技术的协调性，具有广泛的应用前景和极大的应用市场。

从上面的简单比较可以看出，ATM 和千兆以太网两者技术各有千秋，难分伯仲。ATM 的优势在于已在世界范围内被广泛应用在各种网络上，已经被证实为具有先进性和稳定性，其提供的服务质量使视频等多媒体应用轻而易举。而千兆以太网则提供了以太网廉价而且简易的特性，能很好地与现有的以太网集成在一起。

3.千兆以太网的应用

下面分几种情况讨论，选择千兆以太网作为大型企业网络的主干时，怎样连接网络设备和提供连接的速率。

（1）提供高速的交换机与交换机之间的连接。在两台快速以太网交换机之间需要有高速数据通信连接的情况，用千兆位以太网连接取代这两台交换机之间的100MB/s速率的连接，是比较常用的应用例子。网络管理人员需要在两台快速的以太网交换机上安装千兆以太网接口模块，通过它连接两台交换机。通过千兆以太网的高速连接使原有的互联网络系统能够支持更多的交换式和共享快速以太网，为用户提供加强的对所有局域网的访问能力。

（2）把企业网干线升级到千兆位以太网。使用高速率的千兆位以太网交换机作为中心交换机，它能够支持多台100/1000Mb/s的交换机，用这样的高速率干线取代原来使用的100Mb/s快速以太网干线，原有的100Mb/s干线降级成为次一级的网络干线，使整个企业网中各个级别网络段的带宽各提高10倍。这样提高的数据通信速率可以使末端用户对因特网和企业内部网各个部分更加快速的访问。

4.ATM网络技术的应用

由于ATM网络技术独特的高带宽和适用于多媒体通信的特性，可以将它应用在公司、企业的内部，如大型企业中的内部网，由于计算机性能和信息吞吐量不断提高，业务和应用范围不断扩大和深化，其局域网通信对带宽的要求也迅速提高。此外，企业内部网的结构也更加复杂化，构成需要有高速局域干线的互联网络（Intranetwork）结构。在这种结构中，传统的以太网（10BaseT）、快速以太网（100BaseT）以及光纤分布式数据接口（FDDI）互相胶质成分层次的LAN结构。其中FDDI用作局域网络干线，用以连接中心交换机和（公司级的）主服务器，提供上行链路。FDDI具有100Mb/s的数据速率和数公里以上的通信距离，但是它的设计和性能是对数据通信的优化，不适用于多媒体通信，而把ATM网络用成局域网络干线，非但具有不低于FDDI的通信速率，而且可以提供按需扩展的带宽，更重要的是它适用于多媒体通信。因此，ATMLAN可以取代FDDI，用作企业网内部的局域网络干线，可以适应企业网络举办视频会议、视频培训等业务应用的需要。

把 ATM 网络技术用作局域网的干线，要考虑到目前存在的大量传统的 LAN（如以太网）的存在，要使它们的基础设施和应用软件的投资不受损害，必须发展 ATM 的 LAN 仿真（LANE）技术。传统的 LAN 技术使用无连接的传输，而 ATM 网络则是面向连接的通信，为了使 ATM 网络技术使用于现有的 LAN 技术，ATM 网络的边界识别必须使 LAN 的网络层协议能够用于面向连接的 ATM 的网络。由 ATM 论坛所制定的 LANE 用户网络接口（LUNI）协议，使 ATM 网络边界设备可以控制供通信用的虚拟连接，并且模仿 LAN 无连接特性。这就使 ATM 网络技术对 LAN 是透明的，或者说 LAN 掩盖了 ATM 网络的某些特性。

LANE 服务的主要目的是使现有的在 LAN 上的应用程序可以通过多种网络层协议，如 IP、IPX、APPN 和 NetBIOS 等，可以访问 ATM 网络，传统 LAN 上的终端设备，也可以利用 LANE 连接在 ATM 上的设备，如连接在 ATM 网络上的服务器、交换机和路由器等。

三、企业存储网络

信息技术的发展是出乎人们的想象的，信息管理过程的复杂性也是人们所始料未及的。从开始的一张软盘到后来的磁带机，存储领域里传奇不断，对存储的要求也不仅仅局限于存放和提取那么简单和原始，现在的存储系统已经发展成为一个网络概念——即网络存储。EMC 公司近期推出的企业存储网络（EnterpriseStorageNetwork，ESN），它专用于连接企业存储系统和各种服务以及与其相连的各种操作系统和应用。不仅能加快企业信息合作并工作，为企业信息的管理、保护和共享提供可迅速实施的、可靠的体系结构，并能缓解网络瓶颈压力，减少企业投资。同时通过将分散的存储资源合并，使远隔数据中心千里之外的企业部门的信息均能汇总到数据中心，从而使服务器的应用远离数据中心，满足远距离使用者的需求。

1.ESN 的关键技术

ESN 是围绕着 Connetrix 系统建立的，Connetrix 是 ESN 的核心。它是一种基于光纤通道的 ESN 系统，通过 ESN 的 Symmetrix 和 ESN 管理软件解决方案进行管理。它可以确保企业所有关键数据的整合、共享、保护和管理，让企业从信息中获取最大的效益。作为企业未来业务和技术扩展的基础，Symmetrix 和 ESN 提供了企业存储结构的全部基础功能。

说到企业存储网络 ESN，我们就不能不提到存储区域网络（SAN），它对存储技术新的方向发展产生了巨大的影响。SAN 是存储器设备的高速交换网络，拥有结构化的数据池，不需要连接到特定的服务器，可以贯穿企业的任意系统。一个 SAN 由一组存储设备组成，如硬盘、磁带机和光驱。它们在一个独立的子网，但是可以被网络中其他系统共享。ESN 实际上是一种用于关键业务型的 SAN，它包括一套专门设计的组件，用以优化企业存储系统和服务器的异构连接及管理。

2.ESN 的主要构成

ESN 的主要构成又是怎样的呢？不容忽视的是光纤拥有 SCSI 和以太网所派生的优点，这意味着它可以与 SCSI 通信，在一个通道上既采用文件输入／输出语言，也采用互联网协议。另一个显著的优点是光纤通道可以延伸至 10 千米。大大地增加了系统之间的远距离备份功能和吞吐能力。

由于光纤通道设计的初衷是用于存储服务器的连接，因此它在处理大传输量数据时比目前主流的 TCP/IP 协议传输模式更加有效。由于在设计上它能够在所有硬件中实现传输，因此这种模式能够把服务器从以前的 TCP/IP 堆栈循环中解脱出来。

由于光纤通信时代的到来，业界正在着手将网络和数据存储的概念融合于大规模企业存储网络中，以加速数据统一化进程。存储和网络从两个截然不同的独立学科走到了一起。正像局域网（LAN）和广域网（WAN）走到一起以处理用户和应用环境间的数据传输一样，许多公司创建了专门的存储网络以实现存储器与服务器、批量数据移动和数据备份的高速数据传输。当负担过重的局域网和广域网正在努力跟上数据流的增长时，新型的专用存储网络已经实现了网络内部数据的快递传输。

ESN 的另外一大构成是网络部件。其交换设备和集线器打破了老式端对端的存储器与服务器之间连接的限制。这两者的组合突破了以往存储器与服务器连接的逐点模式限制。它们在 ESN 中扮演着同局域网中相同的角色。但是在企业环境中，这种交换机技术必须能够提供强大的容错功能、高度集成的软件、扩展性能以及灵活性，如 EMCConnectrix 企业存储网络系统。在这种环境中，任何故障都代表着危险，因此，这套技术必须具备远程诊断和对冗余处理器、内存、端口控制器、电源、电源输入及冷却系统等的"热插拔"功能。当诊断确认当地系统出现任何异常情况时，要求多余部件的故障恢复工作必须立即无破坏性地自动进行。

协同工作能力也是 ESN 的一大特点。这种功能在所有网络系统环境中都是十分重要的。遗憾的是，服务器供应商们并没有意识到它的重要性。他们的产品知识设计能够保证自己的服务器与存储设备间的协同工作，而并不能够保证在开放的 ESN 环境中与其他厂商的产品协调工作。因此，EMC 公司在协同工作方面进行了严格的检测，以保证所以服务器产品能够在 ESN 环境中充分享受企业存储方案所带来的高效率。

ESN 的另外一个重要组成是企业存储系统及相关软件。通过这部分构成，简化和巩固了数据的管理，可以不占用网络带宽而在异构性平台上获取并分享数据，并直接将数据存储设备与各种异构性开放式平台（如 UNIX、大型主机 WindowsNT）相连接。

3.ESN 的优势明显

ESN 代表了一种飞跃，它是信息技术在数据领域迈出的革命性的一步。ESN 可以支持多种服务器，并可以在这些服务器与连接的 EMC 企业存储系统的任意组合环境下提供极高的访问速度和数据传输能力。ESN 的光纤通道连接是一种同时具备速度和距离优势的物理链路。该存储网络是专门用于数据传输和信息共享的，它将这部分工作负荷从现有的本地网络和广域网络上解放出来，使它们能够更好地发挥在企业中的作用，改善企业的生产效率。另外，服务器也可以因此而节省花费在数据移动上的宝贵时间。

与其他设计相比，企业存储网络既不依赖于服务器平台，又不依赖于操作系统。企业存储网络包括了全部的企业存储器，而不是单独的数据中心的存储器、开放系统存储器、某个独立的建筑物或场地中的存储器。一个企业存储网络可以提供对所有不同主机的连接性能，包括 UNIX、WindowsNT、大型主机、大型机及其他计算平台。与企业存储网络相比，市场上大多存储局域网（SAN）的配置充其量只能支持服务器供应商限定的几种服务器平台。

企业存储网络结构必须具有高度的扩展能力，它的规模和容量应只受网络组件的限制。这种结构必须同时提供对端协同工作的能力，并与所有网络组件实现紧密集成。另外，网络还要具备一定的弹性，并与所有网络组件实现紧密集成，应能够在电源和控制结构中提供多余设备，还要提供远程功能、多拷贝镜像、企业备份/恢复以及自动故障恢复/负载平衡等多种功能。

企业存储网络需进行中心化管理，这样既可以避免系统资源的浪费，同时还能够避免由于跨操作系统环境的管理所带来的巨额投资。该操作系统大大简化了存储器、服务器和网络硬件之间操作的复杂性，并提供存储网络的有关信息，使系统在出现预定情况时自动响应。

企业存储网络同时还应该能够适应多种平台环境，并能够按照企业的需求工作于不同的方式。企业存储网络是一种全新的资源，它能够在应用软件被删除或服务被取代时保持数据的完整性。在当前计算环境不断改变和信息持续膨胀的条件下，只有企业存储系统的适应能力才能保证信息的持续有效性，企业在 IT 资源上的投资才能获得保护。

伴随着高速光纤通道网络技术在数据网络上的应用，一种全新的企业存储网络模式已经形成。这种新的基础结构必将加速数据统一的进程，使企业的数据管理、保护和共享变革更加快捷和可靠，从而消除网络的瓶颈效应，并进一步节省投资。

EMC 企业存储网络为不同的服务器环境实现了统一的数据访问模式，这是一种跨越 SCSI、光纤通道和 ESCON 技术的融合。EMC 企业存储网络同时为持续可靠的数据访问提供了容错功能、企业能够根据需要添加应用服务器和存储设备、可实现网络数据的安全管理保护和共享。此外，为了保证方案的成功实施，EMC 公司还提供了企业存储网络专业服务，从方案的设计到实施提供专业咨询，使每位客户都满意而归。

4.ESM 的主要特性

ESN 通过强化存储服务器的连接性来改善分布式多平台服务器和应用环境的灵活性，提高数据信息的完整性和可用性。此外，ESN 多冗余子系统结构、多路径配置选型以及自动技术支持特性可以随时满足用户的信息需求。ESN 使用简便、功能强大的软件可以提供资源的集中管理、监视、控制，并按照寻求的变化和系统复杂性的增长随时实现资源的再分配。ESN 异相连接和多主机支持环境下的增加扩展能力具有经济高效的特点，可以满足存储、服务器和应用的增长需求。

对于企业级存储网络来说，用户需要的不仅仅是光纤通道网络部件和磁盘阵列，真正的企业存储网络应包括独立于平台的存储系统、集中式管理软件、可靠的互操作性、快速的存储到存储的数据传送、存储的安全性和数据中心级的支持等几个重要部分。网络和存储体系的逐渐融合，使企业存取、利用信息的能力都极大地提高，因而企业信息可迅速转化为有用的商业价值。

ESN 带来的不仅是一种更可靠、更便捷和更迅速的存储方式，而是一种新的存储观念。存储不再局限于一个物理概念而是发展成为网络概念。信息是人们交流的基本，而网络将会是交流的介质。"顺见而呼，声非加疾也而闻者彰"，存储也是一样，只要善假于物，势必会事半功倍。

第四节 网络企业管理工具——ERP

一、ERP 的发展与作用

随着网络经济的逐步深入，激烈的市场竞争的压力使得企业对更新管理思想、改革管理手段有了迫切的需要，ERP 系统作为体现现代管理思想的企业管理工具，受到了企业管理者的广泛关注。

1.ERP 的产生和发展

ERP 的发展经历了四个主要的发展阶段。

第一阶段：物料需求计划（MRP）产生于 20 世纪 60 年代，它主要用于采购管理和库存控制。其主要的功能是利用物料清单、库存数据和主生产计划计算物料的需求。

第二阶段：闭环 MRP 产生于 20 世纪 70 年代，在 MRP 的基础上，集成了粗能力计划、能力需求计划、生产和采购，形成反馈，构成封闭的循环。

第三阶段：制造资源计划（MRPII）产生于 20 世纪 80 年代，在闭环 MRP 的基础上，集成了财务、供销链管理和制造，构成了完整的企业管理流程。

第四阶段：企业资源计划（ERP）产生于 20 世纪 90 年代初，在 MRPI 的基础上，采用了更先进的 IT 技术，如 Internet 网络技术、图形界面、第四代计算机语言、关系型数据库、客户机 / 服务器型分布式数据库处理、开放系统和简化集成等。在功能方面，ERP 的功能更强大，能够支持多种制造类型和混合制造，集成更多的功能模块包括供销链。ERP 集成了供应、制造和销售过程，并将系统延伸到供应商和客户。同时，系统集成能力更强，能够支持企业的全球运作。随着 ERP 作为企业管理工具功能的不断加强，其应用领域也扩展到金融、通讯零售和高科技等第三产业。

2.ERP 的主要作用

（1）提供集成的信息系统，实现业务数据和资料共享。

（2）理顺和规范业务流程，消除业务处理过程中的重复劳动，实现业务处理的标准化和规范化，提供数据集成，业务处理的随意性被系统禁止，使得企业管理的基础工作得到加强，工作的质量进一步得到保证。

（3）由于数据的处理由系统自动完成，准确性与及时性大大提高，分析手段更加规范和多样，不但减轻了工作强度，还将使得企业管理人员从烦琐的事务处理中解放出来，用更多的时间研究业务过程中存在的问题，研究并运用现代管理方法改进管理，促进现代管理方法在企业中的广泛应用。

（4）加强内部控制，在工作控制方面能够做到分工明确，实时控制，对每一环节所存在的问题都可以随时反映出来，系统可以提供绩效评定所需要的数据。

（5）通过系统的应用自动协议各部门的业务，使企业的资源得到统一规划和运用，降低库存，加快资金周转的速度将各部门联成一个富有团队精神的整体，协调运作。

（6）帮助决策，公司的决策层能够实时得到企业动态的经营数据和ERP系统的模拟功能来协助进行正确的决策。

3. 限制ERP系统在企业管理中发挥完美作用的因素

从理论上，ERP系统是一套完整的体现现代企业管理要求的管理思想体系，但是管理阶层往往对ERP系统有过高的期望，认为ERP系统是万能的，无所不包。但是，ERP系统因素制约，包括ERP软件本身的限制，企业内部条件包括企业的组织结构、企业的管理体制和管理机制、企业文化、企业员工素质、企业管理水平和计算机应用水平的限制以及企业外部环境的限制。了解这些限制因素对企业应用ERP系统同样十分重要。

二、实施ERP系统的模式和方法

ERP软件成功实施的先决条件是正确的指导思想。实施成功是合适的软件与有效的实施方法共同作用的结果。

成功的模式是指，对ERP系统所包含的管理思想要有准确而深入的了解，对本企业所存在的问题和管理转变的思路要非常明确，企业必须了解自己的管理体系，对预期的新的管理系统要有清晰地描述。建立能够准确理解和贯彻企业管理转变思路、既懂软件又懂管理并有ERP系统实施经营、了解系统实施规律的实施队伍。在这个队伍中，应有企业最高决策层的亲自参与和领导。针对企业管理转变的需要，选择能够满足企业管理转变的适当的软件和硬件，以有效的方式进行实验。有效的实施包括以下方面：

1. 高级管理层的承诺。实施ERP系统时一定要有高级管理层对项目的承诺，给予项目足够的重视，企业高层主管必须参加项目管理，领导项目的实施，对重大的流程改变和企业处理的规范进行评估和决策。

2. 切实可行的项目计划和预算。

3. 有效的授权和人力资源的合理安排。

4. 部门经理直接参与对项目的成功也具有十分重要的作用，在实施项目时，将每个模块能否在相关部门实施成功作为对相关部门经理的重要考核指标，并由部门经理参与部门内业务流程重组。

5. 各部门之间的相互合作。

6. 人员的教育和培训。

7. 组建一支既懂得管理又精通软件的实施队伍，在这个队伍中，要明确管理的改进是实施工作的核心，由最高管理层的一、二把手亲自领导，日常工作也要由最高管理层的代表领导，IT 部门在项目组中只起提供技术支持和软件维护的作用。

8. 分段实施，以点带面，以示范效应使系统最终用户和企业管理者尽早看到实施的成效。

企业在实施 ERP 系统时面临的最实际问题是：缺乏既具备 ERP 软件知识，又具有行业知识和管理实务经验、精通 ERP 系统的实施规律和项目管理方法的专门知识，并能够指导企业在成功实施 ERP 的同时实现企业管理的转变的人才，在实施的策略方面，成功的企业要选择一家具有相当资质的专业咨询公司协助 ERP 系统的实施。

在选择专业咨询公司时，应对以下方面进行综合考虑：

首次实施 ERP 系统的企业，对于实施工作的过程和在每一步实施工作中应该取得的结果并不清楚，对如何控制每一步工作乃至整个实施过程的质量没有经验，专业咨询公司在帮助企业实施过程中，应能够派出由软件实施专家、企业管理专家和项目管理经理组成的专家组与客户通过组成项目组，在实施过程中循序渐进地指导企业实施各阶段的工作，对每一步工作是否能够满足系统实施的要求进行评估，并注重知识经验的传授和分享，既授人以鱼，也授人以渔，使企业在实施服务结束后，能够自己维护并扩展整个系统。

能够帮助企业制定合理的项目预算和项目策略，评估项目风险，进行风险管理，从而使企业在实施 ERP 项目时避免和控制风险，少走弯路，以最少的投入，取得项目实施的成功的结果。

对企业的运作要非常了解，在项目需求分析和系统设置时能够充分考虑企业的外部环境和内在需求，既贯彻世界先进管理思想又符合企业实际，在推动 ERP 系统实施的同时为企业管理结构及管理流程的改善提供帮助。

ERP 系统的核心是财务模块，实施 ERP 系统的成果之一就是企业所有的经营成果都会实时地反映在财务模块上，以便企业的管理者进行分析，降低成本，控制费用，提高资金运用的效率，取得投资收益的最大化。所选的专业咨询公司应拥有财务管理、财务分析及财务控制方面的专家，在运用 ERP 系统，帮助企业财务部门完善管理与控制职能方面有丰富的经验并提供有效的帮助。

ERP 项目实施的成功与有关人员观念的转变是相辅相成的，能否接受 ERP 系统中所包含的管理方法与管理观念，是决定实施成败的关键之一，所选的专业咨询公司在促进企业管理观念的改变上应有丰富的经验并提供包括为客户提供正确完整的转变框架；为客户管理层和员工的参与提供指导；在企业实施过程中遇到或将要遇到困难时，给予帮助，保证项目的顺利进行；共享其他公司转变过程的实践经验；通过培训和对过程的支持，传授经验和知识的一系列指导。

在技术支持方面，所选的专业咨询公司应能够提供全面而及时的技术支持，保证项目的顺利实施。

三、ERP 系统的需求分析与软件选择

1.ERP 系统的需求分析

ERP 系统的实施成功是合适的软件与有效的实施共同作用的结果，需求分析是选择合适的软件的基础，在进行需求分析时，一定要坚持以企业高级管理人员为核心，从实际管理需要出发的原则。

（1）需求分析的目的。在深入理解 ERP 理念和 ERP 系统的应用功能后，对企业的经营战略、营运流程、组织架构、行业特点、市场环境等管理要素进行综合分析，明确目前企业存在的管理问题和实施 ERP 系统后所希望实现的功能和达到的效果，并对未来的企业战略、营运流程、组织架构做出重组规划，从而确定 ERP 系统选型的标准和要求。

（2）需求分析的主要工作内容。项目小组和公司高级管理层共同探讨、规划与确定企业的中长期经营战略、营运流程、组织构架等，并对由于企业发展可能产生的潜在需求做出预测；公司的中层管理了解对企业具体业务流程的功能需求；将国内外先进的管理信息系统所应包括的基本功能与本企业的需求对照；并对需求项目的重要性进行评估，筛选出关键功能以确定系统选型的标准。

（3）需求分析要注意的问题。

①深入了解企业的真正需求，区分"需求"与"要求"。在进行需求分析时，切忌将需求分析表面化，将"要求"当作"需求"。例如，在进行需求分析时被访者可能出示一些报表，要求系统自动产生，在这样的情况下，要深入研究报表对管理所产生的作用，找出对此项报表产生需求的深层原因，这样，才能够发现真正的需求。

②需求分析时既要考虑到企业目前需求，也要考虑到企业的发展。企业的组织结构、业务重点、经营策略在企业不同的发展阶段都会相应地进行调整，在进行需求分析时，不但要着眼于当前企业业务的需要，同时也要将可预见的企业发展变化考虑在内，将能否支持企业的发展变化的需要作为一种需求来考虑。

③需求分析时要客观地评价需求的优先顺序，通过需求分析，明确关键需求与主要需求是进行需求分析的主要任务，因为关键需求和主要需求是指导系统选型的关键。

④需求分析时要与 ERP 软件的成熟功能相结合，ERP 软件的功能与 IT 技术的发展紧密相关，在一定的 IT 技术发展阶段，虽然 ERP 软件的功能各有千秋，但能够达到的功能水平是有一定的限度的，如果在需求分析时不考虑 ERP 软件的功能水平，则需求分析的结果在指导系统选型时的作用也会大大减少。

2.ERP 软件的选择

ERP 软件的选择是在充分理解 ERP 理念的基础上，依据需求分析确定的软件选择标准进行的。

（1）企业选择 ERP 软件的决策性因素和首要标准。ERP 软件的选择要从企业管理转变的需求出发。选择能够实现企业管理优化转变的合适软件而非"最先进的"软件。软件的选择应该以管理人员为主，衡量软件的首要标准是软件能否满足企业战略、企业业务流程、企业组织结构的需求。主持企业选型工作的应该是企业的最高管理层，而非 IT 人员。因为只有企业最高管理层才能对软件能否支持企业的战略和业务流程重组做出评估，而 IT 人员往往因为不懂企业的管理需求，片面地追求先进性，以为"最先进的"软件一定可以满足需要。

（2）软件选择的关键因素。除上述管理需求之外，在软件选择的过程中，也须考虑下述关键因素：

①系统的先进性。系统是否运用了 IT 技术的最新成果，体现了当今潮流的管理思想和管理方法。

②灵活适应性。能否适应企业目前和可遇见的将来的业务需求和企业环境。能够按照中国企业的多种需要而灵活配置。

③软件已汉化。基本模块已经完成了汉化工作，这一点对于中国企业比较重要。

④实施周期短，见效快。ERP 系统的实施涉及企业的方方面面，实施周期短，对企业的日常业务的影响少，容易获得企业操作人员的配合。

⑤本地支持强。在中国软件拥有实施经验的咨询人员，咨询队伍拥有除软件以外的行业和专业经验，并能随时获得各方面专家的支持。

⑥支持企业的全球运作。系统能够处理多国语言、国际税务，并能对财务报表进行跨国合并，这一点对国际化发展的企业较为重要。

⑦分析功能。具有多种灵活的分析查询方式，支持"如果—怎样"的分析，提供多种管理信息。

⑧与外界通信能力。系统能够支持电子商务，电子数据交换等与外界进行数据通信。

⑨与其他软件的接口。系统能够方便地 POM、CAD 接口；并能够将数据输出至通用软件（MOSOFFICE）中进行加工处理。

⑩供应商能力。供应商的财务实力和发展潜力是否能够在可预见的将来持续提供版本升级和技术支持。

（3）ERP 软件的选型工作要经历的步骤。

①分析系统功能，通过参加软件供应商的演示活动，阅读有关资料，对候选软件的功能进行分析，了解候选软件的功能和特点。

②对照需求分析时确定的关键功能优先秩序，逐项根据候选软件的实际功能，对候选软件进行评估。

③结合候选软件的其他关键因素和费用预算，提出选型方案。

④经企业最高决策层确认后，确定选型的最终方案。

四、客户化程序在 ERP 实施中的地位及应用

ERP 作为中国企业管理之梦，其优越性已显而易见。它把物料流动同资金流动结合起来，是一种用来规划企业所有资源的经营生产信息系统，然而 ERP 的实施，是一次理念上的根本性革命，作为观念的更新和管理的飞跃，我们所面临的机遇和挑战是如何在中国这块土地上，开发并实施在发达国家已经运用得比较成熟的 ERP 产品。这就引入了所谓国外产品本土化的问题，而在这一过程中，客户化程序扮演着十分重要的角色。

1.ERP 的标准程序

ERP 是一种先进的企业管理工具，它能够将企业方方面面的资源充分协调和平衡。它以客户为向导，是一个开放的系统，能将企业与市场有机地联系在一起。它把经营过程中的有关各方诸如供应商、制造商、分销网络、客户等纳入一个紧密供应链中，从而有效地安排企业的产、供、销活动，以满足企业利用全社会一切市场资源来快速高效地进行生产经营的需求。ERP 的理念和 ERP 标准程序的实施及应用是现代企业的客观需要和必然趋势。ERP 产品作为决策工具及日常工作的流程管理，其非凡功效可见一斑。

ERP 的标准程序十分强调供应链的管理，其优点在于具有严密的逻辑性，在国外应用得比较成熟。ERP 软件除了传统的 MRP Ⅱ 系统的生产制造、财务、销售及市场营销等标准模块外，还增加了分销管理、人力资源管理、运输管理、仓库管理、质量控制、设备管理、决策支持、服务维护、过程技术等功能，提供了可对供应链中所有环节进行有效管理的手段。支持集团化、跨地区、跨国界的运行，其宗旨是使企业在激烈的市场竞争中能够全方位地发挥潜力，从而取得更好的经济效益。

ERP 标准程序强调企业的事前控制能力，它可以将设计、制造、销售、运输等通过集成来并行地进行各种相关的作业，为企业提供对质量、适应变化、客户满意、成绩等关键要素的实时分析及处理能力。ERP 产品能极大地提高企业的生产效率、市场应变能力与市场竞争力，ERP 是一种先进的管理思想，有其发展的环境和应用的基础，而且目前还在不断地完善之中。

2. 客户化程序的作用

客户化程序是指在一定的用户环境下对 ERP 标准程序所做的修正和补充。它可以是对原控制流程的修改，也可以是对某些功能性报表的增加或删除。它应该有四种表现形式：其一，它是由 ERP 产品原开发商或授权咨询顾问根据特定用户需求和环境编辑而对原有标准程序的一种修正，从理论上讲这种修正应该是局部的、单一的；其二，它是在 ERP 产品的原开发商或授权咨询顾问的指导或认可下，用户对原标准程序的修正和补充；其三，在用户环境下，由系统程序员或开发人员创建的客户化程序；其四，由一般 ERP 产品应用者或具体操作人员自行开发的程序。

每个企业如何合理地计划使用各自的资源，用最短的时间生产出市场营销对路的产品，最大幅度地满足用户需求（RequiredLinePerformance，RLP），有成效地提高自己的经济效应，这正成为企业生产经营的主要目标。ERP 以其成熟的技术为企业实现这一目标提供了有效的途径。然而，目前几乎所有的 ERP 系统都是以一种预先设置好的固定的结构模式提供给客户，企业在其建立资源管理系统时，往往 ERP 标准程序无法灵活地适应个性化的管理模式和流程要求，这就是要求企业的管理结构要么按照 ERP 标准程序中的固有模式去实施和运作，否则就需经过二次开发才能使用，这样客户程序也就应运而生；二是 ERP 系统一旦实施完毕，企业在需要进行管理与业务流程重新调整时，很难真正达到从组织结构、生产流程、业务流程全面重整的效果，即现有的 ERP 标准程序与功能制约了企业的动态重建过程。客户化程序的引入，客观上有利于企业的动态重建过程。

ERP 的主要弱点在生产调度（MPS）和制造资源计划（MRP）等计划模块上。由于这些模块没能及时地以现有的资源响应客户的需求，因而较难对当今的供应链提供足够的支持。简而言之，企业迫切希望 ERP 产品不仅能使用今天的生产模式，而且具有很大的灵活性来迎接明天的竞争和挑战。

3. 客户化程序的实施及地位

ERP 标准程序的行业适应性和技术先进性是有目共睹的，实施 ERP 标准模块的企业能迅速提高市场竞争力、降低生产成本、增加经营效益也是不容置疑的。然而如今市场上流行的 ERP 产品与我国现行的企业管理体制和机制，还存在一定的差距。那么，作为最终用户的企业，应该怎样对待 ERP？国内外 ERP 产品的差异在哪里？怎样站在辩证的立场上，正确评估 ERP 标准模块和客户化程序各自的地位和作用？这一系列问题应当引起我们的反思和高度重视。

ERP 是由环境、文化、种族等诸多因素造就的软件产品，它带给企业的是一套全新的管理理念和生产控制流程。平心而论，在国内实施 ERP 的土壤还不够肥沃，环境还不够有利，个别企业对 ERP 系统的客观规律，有的连已有的标准功能都没有搞清，就急于进行所谓的客户化研究；一些企业只注重库存及财务模块，对物料管理、能力需求和车间管理的实施方法和规划还知之甚少，客户化程序实施的过程又不太规范，这样很容易导致用户界面的不一致，数据模型相互重叠，结果导致 ERP 的管理理念和方法并未真正得到推广，且实施周期过长，企业看不到效果甚至半途而废。这在很大程度上延缓或阻碍了 ERP 产品在中国的推广进程。

4. 客户化程序的开发和对策

经验告诉我们，ERP 行业的发展必须走商品化的道路。我们在讨论客户化程序的积极地位与作用时，应该首先肯定 ERP 标准程序的主导作用，也应该看到：

（1）ERP 要适应中国的国情。我们完全可以学习和借鉴国外企业先进的理念和管理思想，在中国的土地上实施好 ERP。另外，企业在实施 ERP 时应力争按较高水平一次到位，同时应停止低水平的重复开发。

（2）企业实施 ERP 的过程，实质上是对企业内部管理工作的一场革命。任何的客户化程序，应该建立在对 ERP 标准程序的充分研究和理解的基础上。究竟是理念需要革新，还是程序需要重组，轻重主次应当分明。

（3）ERP 系统的开发和应用有其自身的独特性，其开发远不像有些人认为的那么简单和随意。ERP 的实施必须具备较强的专业技术和管理知识，选购 ERP 标准程序需求找咨询公司，实施关键的客户化程序更需得到专业管理顾问的指点和积极参与。

（4）ERP 产品的客户化，即需要具有丰富管理经验和知识的专家以帮助用户进行业务流程重组，更需要有针对性地对专业管理人员进行 ERP 理念和运用实际系统能力的培养。在这当中，用户的 ERP 素质的提高显得格外重要。

（5)ERP 标准系统的功能与用户管理需求相结合，这是 ERP 客户化程序的出发点和归宿点。

（6)ERP 标准程序也在不断地变化和完善之中，有些过去需要经过二次开发才具备的功能，现有不少已经成为 ERP 产品新版本中的重要组成部分。

（7)不规范的客户化程序的开发和运用，客观上将影响 ERP 产品的实施效果，不利于系统完整性的维护，阻碍了服务职业化的进程。

客户化程序在 ERP 产品的开发与应用中起着重要的作用，但与此同时，我们应该确立 ERP 标准模块的主流及市场作用，背离这一基本的出发点，我们就会遭受挫折或失败。在中国迅速提高企业管理水平的唯一途径就是尽可能地慎重选用合适的 ERP 标准产品而不是一味自行开发。

客户化程序在 ERP 实施过程中的地位是不容置疑的，尤其是国外产品在本土化的进程中举足轻重。但过分强调客户化程序的作用，忽视标准模块和标准程序的研究和运用，也是一种以偏概全和未来倒置的错误倾向。ERP 软件开发社会化这是大势所趋。

第五节　柔性制造与柔性管理

网络经济的到来，使企业面临着用户需求不断趋向多样化、企业关联程度越来越密切、市场竞争愈加激烈的挑战，也对管理提出了新的课题。在这种新的经济模式下，智力资源日益凌驾于传统的生产因素——土地、劳动力和资本——之上；而网络化又把每个企业变成了地球村的村民，公司能够从世界各地获取资本、商品信息和技术，而且往往是通过鼠标的点击就能获取，从根本上说地理位置不再是竞争优势的来源。从竞争的意义上来讲，远在天涯海角的企业都可能是你的竞争对手；五湖四海的人群都可能是你的客户。挑战是刚性的，竞争是刚性的，应运而生的柔性化管理正是"以柔克刚"的利器。在这种新竞争模式下，近年来，特别是日本企业在许多产业中的成就，使得许多学者开始仔细检讨传统西方管理理论的缺失，全球性组织文化的力量也开始受到重视，如托马斯·彼得斯

（ThomasPeters）与罗伯特·沃特曼（RobertWaterman）在畅销书《追求卓越》中所提出的原则以及全面品质管理的概念，就是这股潮流中典型的例子。此外也有人强调培养组织学习的能力，认为应激发人们内在早已存在的激励系统，不断地学习。如莱塞姆（Lessem）在传统的理性型管理及基本型管理之外，提出了发展型管理的概念，注重人与人之间的相互依存关系，并促进个人、组织及社会的发展与进化等等。我们可将此股潮流所描述的管理形态称为"柔性管理和柔性制造"。

一、柔性管理

企业的"柔性管理"是针对网络经济和全球化经营实际提出的管理思维与管理方式，它与传统的泰勒(F.W.Taylor)管理强调步调一致不同，讲求管理软化，以管理的柔性化激发人的主观能动作用，以网络知识经营"刚性竞争"的需要。企业"柔性管理"包括柔性战略管理、柔性营销管理、柔性生产与组织管理、柔性人才及工作时间管理等等。柔性管理是企业管理的又一次革命。如果说100多年前（1897年）诞生在美国的"泰罗制"开启了企业的"现代管理"之门："科学管理"从此代替了"经验管理"，那么在经历了企业质量管理、业务流重组等过渡性演变之后，在人类进入21世纪的时候，人类迎来了企业管理的第二次革命——柔性管理。它以"人性化"为标志，强调跳跃和变化、速度和反应、灵敏和弹性，它注重平等和尊重、创造和直觉、主动和企业精神、远见和价值控制，它依据信息共享、虚拟整合、竞争性合作、差异性互补和虚拟实践社团等，实现知识由隐到显的转化，创造竞争优势。

在IBM、戴尔等大企业中，为适应跨国经营需要，近年来纷纷建立了松散的企业管理模式，让海外分支企业更能发挥自主作用，开拓市场。这些企业对科技人员实行"柔性管理"，给予更加充裕的时间，放手让他们调研市场，开发高新科技产品与技术。海尔公司根据市场个性化需求，提出企业"流程再造"，从市场、生产、技术到营销、物流等进行全面创新，以柔性化经营管理全方位提高国际化市场竞争力。

柔性管理理念的确立，以思维方式从线性到非线性的转变为前提。线性思维的特征是历时性，而非线性思维的特征是共时性，也就是同步转型。这种同步转型主要体现在以下三方面。

1. 拉式战略与推式战略的同步。拉式战略（pullstrategy）以满足顾客偏好为经营导向，根据顾客的偏好调整企业内部资源与企业经营行为。在拉式战略下，企业与顾客约定在未来某一时点，企业供给某种规格和品质的商品，企业再根据这种要求，开始规划必要的制程与零部件，以便相关的生产活动能够同步进行，同时精算所需的成本。推式战略（pushstrategy）则是企业根据自己现有资源、能力以及自己对市场的了解制定产品开发方向。在推式战略下，规划从现在出发并向前延伸，每个阶段的工作完成之后再触动下个阶段的工作。在推式战略中，产品的开发过程是一个线性过程，即研究、开发、制程设计以及制造和营销等均直线进行；而在拉式战略中，生产经营的所有活动都同时沿着几条轴线并列进行，产品开发的过程可来自企业的任何一个部门。简单地说，拉式战略根据市场要求调整企业经营行为，推式战略根据企业的现有能力确定经营行为；拉式战略富有弹性，而推式战略则缺乏弹性；拉式战略能迅速推出新产品，而推式战略调整产品规格与品质的能力较差。不过，成功的企业必定是能够熟练应用这两种策略的企业。

2. 稳定与变化的同步。科学管理的时间观是单向的，即过去、现在与未来，它关心的是时间流逝过程中各个方面表现出的差异性，即所谓的历史。而同步的时间观所关心的则是"产品基因"，也就是在时间流逝过程中反复出现在各种新产品中的基本要素。例如，钢铁、半导体、电脑芯片、通讯等，它们是"自然的精灵"，体现在所有产品之中，并成为所有产品智能化、个性化、人性化的基础要素。同步的时间观最有利于充分利用现有能力和技术，最有利于以最小的成本获得最大的收益。它最大的缺点是以现有的单项技术为基础，不利于特定技术的进步与开发。特定技术的进步与开发需要单向的时间观，即关心创造差异。因此，在奉行稳定与变化同步的理念时，要同时注重差异与"基因"，从而确保企业处于领先市场一步的绝对优势地位。

3. 根回与融合的同步。所谓根回，就是细心研究与企业生存密切相关的一切方面，并细心地关怀这些方面，如企业内各部门的关系、领导与下属的关系、企业与顾客的关系、本企业与其他企业的关系等。从技术的角度说，根回的延伸意义是指与经济发展密切相关的所有方向。

例如，将经济体系比喻为"食物链"，则半导体晶片是"产业之米"，将其植入不同的产品里，便给不同的产品装上了大脑。约翰·史考利（John Sculley）在《苹果战争》（Odyssey）中描述的就是这一过程：苹果公司的研发像是一个没有终点的发现之旅，在每个终点站卸下产品，并装上"心灵之翼"。而融合则是一种"新一新"结合，是新的理念、新的技术、新的管理方式和新的运作方式等的结合。融合是创新的重要源泉。根据"创造力的团体理论"，如果马车和引擎都已经存在，那么汽车的发明其实只是时间早晚的问题。然而，在人们没有树立起自觉的融合思维方式时，这一点又不是必然的。理论与实践都已经证明，同步的东西将会融合，财富创造的源泉来自于同步的相关理念、技术和结合方式的融合。日本的"机电学"（mechatronics）就是同步融合思想的一种总结。

柔性管理就是要通过创造对"稳定和变化"同时进行管理的方法，使企业对变幻不定的市场做出灵活、迅速和及时的动态反应，以达到保持和获得竞争优势的目的。为实现这一目标，企业必须坚持"复眼式"（polyocular）的经营原则，打破原有的分工边界，充分利用外脑，在了解各方面信息的基础上，采用柔性的生产技术和动态的组织结构。而已出现的 MRP Ⅱ 和 ERP 等管理新工具，就充分发挥了全体员工的创新动机。

二、柔性制造

20 世纪 80 年代以来，在工业化国家中柔性制造系统作为迈向工厂自动化的第一步，已获得了实际的应用。它的应用，圆满地解决了机械制造高自动化和高柔性之间的矛盾。柔性制造是指在计算机支持下，能适应加工对象变化的制造系统，有柔性制造单元、柔性制造系统、柔性自动生产线三种类型。柔性制造有设备利用率高、在产品可减少 30% 左右、生产能力相对稳定、产品质量高、运行灵活及产品应变能力大等优点。

随着网络经济的发展，柔性制造系统出现了以下两个方面的发展趋势。一方面，出现了模块化柔性系统，即计算机辅助设计和辅助制造系统相结合，用原有产品系列的典型工艺资料和不同的组合设计，构成各种不同形式的具有物料流和信息流的模块化柔性系统。其目的是为了保证系统工作的可靠性和经济性，可将其主要组成部分标准化和模块化；利用不同的模块组合，可构成不同形式的具有物料流和信息流的柔性制造系统，从而自动地完成不同要求的全部加工过程。另一方面，出现了计算机集成制造系统，该系统用以实现从产品决策、产品设计、生产到销售的整个生产过程自动化，主要特征是集成化与智能化。集成化即自动化的广度，它把系统的空间扩展到市场、产品设计、加工制造、检验、销售和为用户服务等全部过程；智能化是深度自动化，不仅包含物料流的自动化，而且还包括信息流的自动化。

第四章　网络经济与管理变革

网络正离我们越来越近，而今连十三四岁的孩子也都能报出一连串的网站网址，网络的平民时代已经悄然而至了，网络经济已成为不可阻挡的潮流。

20世纪80年代我们刚刚认识"信息经济"，20世纪90年代"知识经济"又风起云涌，21世纪又提出了"网络经济"的新概念。

"知识经济""信息经济"更多体现的是经济的内在驱动要素，而不能较好地反映新型经济在地缘空间上的突飞猛进，即当代最引人注目的经济社会的全球化形态。能够同时涵盖二者又比"信息"更加鲜明地表述这一态势的，应该说非"网络经济"莫属。

互联网走向商业化只不过是二十多年的时间，每年几乎以几何级数的速度增长，这不能不说是一个奇迹。互联网之父维顿·瑟夫说："我可以毫不迟疑地预言，Internet会像今天的电话一样普遍。"

互联网在不过二十年的时间里，不仅日日夜夜穿透各民族国家的边界，魔术般地创造出各种信息技术和信息产品，而且使这些新的主导产业群已将传统上作为发达国家工业象征的汽车文化及其主导产品群远远地抛在身后。如今在美国信息产业已占到整个经济的四分之一以上，而汽车工业产值只占4%左右。

网络经济正在改变传统的生产和生活方式。而一种新经济形态的出现，所受震撼最大的莫过于企业。并不是所有的企业都能在网络经济环境下生存的。网络经济要求企业走出工业经济的长廊，跨过网络经济的门槛，成为网络经济下的一个元素。企业的管理理念、管理手段、管理方式和管理内容等都要发生深刻的变化。这个跃进的过程是艰巨的、痛苦的。它要求企业的运作方式不断地发生变化，这当中最突出的当属企业管理。尽管生产型企业（着重于企业内部的网络化改造）和商业型企业（着重于将企业变为虚拟社区）在网络经济中的最终发展方向是不一样的，但是企业管理如果能针对网络经济做出适当的调解，无论是对于企业拿到网络经济的入场券，还是促进网络经济的繁荣，都是益处多多。

第一节　网络经济与企业管理

一、网络经济呼唤新型的企业管理

网络经济作为一种概念，并不是狭义地指以计算机网络为核心的一个新行业，抑或包括围绕着这个新行业而派生出来的若干相关行业。网络经济是指由于计算机互联网在经济领域的普遍应用，使得信息成本得以急剧下降，从而导致信息替代资本在经济中的主导地位，并最终成为核心经济资源的全球化的经济形态。这里，暂且不谈网络经济是否具有泡沫性，只要这种经济形态确实能够促进社会生产力的进步，它就是一种值得在全社会推广的经济形态。网络经济的开展，是以获得社会各方面的配合与支持为前提的。

二、网络经济环境下企业管理的特征

网络经济下的企业管理模式有别于传统经济环境下的企业管理。具体表现在以下几个方面。

1.网络化。这是指企业管理充分利用网络工具。管理是集体劳动的产物，在网络经济环境下的企业也离不开管理。企业管理网络化主要表现在：①由于网络技术的应用，企业的生产、销售、财务等部门之间组成了局域网，管理者做出决策的原始数据、信息绝大部分都来自网络；②管理者传达企业的决策信息也是主要通过网络；③网络增进了企业上下级之间的沟通，融洽了组织中的氛围。显然，网络化的实质是企业信息流路径更短、速度更快、最终加速推动了企业内部物质流的运转。同时，企业内部实现网络化，也是与企业外部网络经济单元交流的前提。网络化是网络经济环境下企业管理的最根本的特征，只有做到了这一点，企业才有资格成为网络经济下的经济单元。

2. 企业管理的能级将逐渐减少，管理幅度将变大这个特征是很容易理解的。由于在网络经济下，企业管理具有网络化的特征，企业内部信息流动的环节势必减少。因此，原先的许多部门就没有存在的必要了。可以说，企业信息流动环节的减少将直接导致企业管理组织结构图的扁平化。它的另一种表现就是企业组织结构图中上一层的管理范围的扩大，即管理的幅度变大了，高层管理者将面对更多的被管理者。

3. 企业管理程序的智能化、自动化管理能级的减少，一方面使信息流动更畅通，另一方面也给管理者的工作增加了负荷，使企业管理的效率和质量都面临着严峻的挑战。针对这一情况并基于网络经济下网络的物质基础，将计算机软件充分运用到管理中去将可以有效地缓解因管理工作增加而带来的压力。管理行为包括实施企业劳务、财务、物务、事务的管理，其工作的自动化支撑系统主要有计算机辅助办公（CAO）系统、管理信息系统（MIS）、决策支撑系统（DSS）、办公信息系统（OIS）、智能管理系统（IMS）等。企业管理软件和常用的企业管理分析工具，将使网络经济下的企业管理手段日趋先进化，企业管理更加高效。

三、网络经济下企业管理理念的重大突破

网络经济环境下，企业的发展将打破常规。固守传统的管理理念将会严重束缚企业的发展。因而，传统的管理理念也要随之发生变化。

1. 网络是网络经济中最直接、最现实的生产力。科学技术是第一生产力，网络是一种高科技的产物，它从发生到发展都需要高科技的支持，从这一点上说，网络也是一种先进的生产力。从国外的发展来看，美国克林顿政府自 1993 年提出信息高速公路计划以来，大力推进美国社会的网络化进程，取得了美国经济长时间高经济增长、低通货膨胀的奇迹。据统计，1999 年，网络给美国经济增加了 5070 亿美元的产值，增加了 230 万个就业机会。网络产业在美国已超过了电信和民航等传统产业的规模，并在追赶出版业和保健产业。更重要的是，它还在以 68% 的年增长率飞速发展。这不能不令人们对网络刮目相看。企业管理是企业发展的推进剂，而管理的理念又深刻地左右着企业管理。网络是先进生产力的理念的建立，将有助于推动网络经济下企业管理的发展。

2. 级数增长中最后 3 天的理念。有这么一件事，说的是一个年轻人挣钱的计划。他第一天挣一分钱，此后每天挣的钱都比前一天增加一倍。也许我们会想，第一天才挣一分钱，一个月后能有多少钱。但结果却令我们大吃一惊。如果按照这个挣钱方案，到一个月的最后一天，他在这一天挣的钱超过 1000 万。假如一个月少了 3 天，月底那天他只能挣到 130 万。这是尼葛洛庞帝在《数字化生存》中给我们描述的一个故事。这件事告诉我们，当事物的发展表现为指数增长时，最后 3 天的意义非比寻常。网络经济下企业的发展将会出现几何级数增长的趋势，这已是不容置疑的事实了。企业的管理者，对网络的级数效应要有充分的估计。级数效应的动力源于网络高科技所蕴含的巨大能力。这种能力的爆发就像细胞分裂，越到后面产生的影响越剧烈。所以，赶上网络经济这班车后，尽管一些企业可能要经历一段默默无闻的时期，但当能量积累到一定程度后，特别是在"最后 3 天"，它们将以一个个奇迹展现在我们面前。

3. 网络的重要性将超过企业自身。未来的经济环境下，企业和网络是交织在一起的。不过，这种交织是以网络为基础，企业依附在网络之上的。当网络覆盖了所有的企业后，企业的主要精力将从尽可能扩大企业本身的价值，转移到尽可能扩大网络的附加值。网络将促成企业内部信息的共享，降低企业的生产成本，加快企业内部的物质流和非物质流的流动。将企业与网络隔离开来，将使未来的企业失去生存的土壤。

4. 完全的以销定产的理念。完全的以销定产可以说是长期以来企业一直都在追求的目标。实现以销定产将减少生产的盲目性，减少产品的积压，从根本上杜绝生产的"绝对过剩"现象出现。过去，由于信息的严重不对称，造成了企业很难掌握产品在市场上的需求量，而消费者也不容易将自己的需求信息反馈给企业。在网络经济下，企业与消费者被网络拉的更近了，企业与消费者之间的鸿沟正在逐渐消失，企业的生产完全是按照消费者的需求来进行的。

5. "零库存"的理念。在实现完全以销定产后，企业库存的减少将成为不争的事实。还在 20 世纪 60 年代中期的时候，美国生产种子、化肥和农药的斯特科公司把需求信息融入生产体系中，使获取市场信息变得更加容易，即时生产变成了一种普遍现象。因此，库存变得越来越多余，仓库也成了中转站，而不是存货的场所。"零库存"的理念要求企业的管理者重视对消费者的服务，及时收集需求信息。实现零库存，给企业和消费者都能带来更多的好处。

四、网络经济下企业管理的内容

网络经济环境下的企业管理与传统的企业管理在管理重心、管理手段、管理方式以及管理目标等方面都存在区别。下面将围绕这些方面进行探讨。

1. 传统管理与网络管理紧密结合，以网络管理为重心

传统的管理模式创造的经验，值得网络经济下企业管理者学习和借鉴。但是，在网络经济的新环境下，传统的管理模式是不可能一成不变地保留下来的。本着生产关系一定要与生产力相适应的原则，网络生产力也要与相应的网络生产关系——网络管理——相适应。

这里的网络管理是一种广义的网络管理，即网络化的管理。因而，它至少应包含以下几层意思：（1）网络化管理首先是人才的管理，企业的运作需要各式各样的人才，尤其是网络方面的人才；（2）对企业支撑网络的管理，网络的正常运行是保证企业生存的关键；（3）企业外部网络的交流管理以及企业网络在互联网络中的定位；（4）网络的安全防范管理，保证企业的网络免遭攻击，数据免遭窃取。对于一个网络经济环境下的企业，网络管理的目标应是：构建一个企业内部所有员工共享的信息平台；建设一个极具吸引力的企业网站；确保企业网络的安全、畅通；从网络的角度来检测和评价企业的各项管理活动。

2. 处于不断变化中的管理模式

这是针对网络经济处于不断发展变化的特征所提出来的，也是对网络经济发展的"级数理论"的回应。美国《连线》杂志主编凯文·凯利认为，"当激扰及动荡成为商业的常态，最有用的生存策略是一种高度选择性的持续混乱，我们称之为'创新'"。网络经济下的企业管理是一个不断学习和创新的动态过程，学习和创新是网络经济的核心。首先是观念的创新，网络使距离消亡到零，传统生产上的连续性被打破，传统组织结构将很难适应网络经济。不能更新观念，无异于将企业隔离在网络经济之外。其次是企业运行模式的创新，包括制度、组织结构等等。企业的组织应成为有序的非平衡结构，内部流程应适应外部瞬息万变的市

场，企业要能及时针对市场做出反应。企业管理要运用动态的思维，在变化中实现管理。再次是新技术的创新，利用各种新技术，特别是网络技术整合全球信息、科技资源为我所用，以创新技术来创造新需求进而创造新市场。最后，企业员工自身要不断创新。这是指员工不断学习，提高自身素质。在网络经济环境下，企业的每一个员工都要成为创新的主体。人是保证创新的决定性因素。企业员工整体素质的提高预示着企业自身创新能力的质的突破。

3. 弹性管理的模式

网络的诞生使企业组织分子化。每一个劳动者就是企业的最小单位，可以应工作需要机动地组合。在分子化的组织中，企业员工通过网络合作、信息增值来增加企业产品的价值。企业管理也要有足够的弹性来适应这种变化。弹性管理主要体现在时间上和空间上。传统的企业管理习惯于让员工在固定的时间到固定的地点去工作；而在网络经济环境下，这些都将成为过去。一方面，网络无所不至的触角已伸向了社会的各个角落，而网络所至之处，就是企业市场延伸的地方，也就是企业的活动范围，因而管理的对象已经极度分散化了；另一方面，网络经济强调时间上的即时性，如果用一般的时间概念去束缚它，反而会抑制其发展。所以，实施弹性化的管理模式实际上是为企业员工创造一种宽松的工作环境，以便更好地发挥人的积极性和创造性。

4. 构建企业发展的不竭动力机制

网络经济下，企业要发展仍然离不开人、财、物等这些最基本的资源。为了确保企业发展的不竭动力，企业要建立相应的动力机制，主要包括资金、信息和技术以及人才等方面。传统企业向网络型企业迈进是一个高风险、高成才、高收益的过程。这种跃变是需要一定的资金作保障的。眼下，风险投资已成为高科技企业的启动资金。企业要充分利用好风险投资机制，叩开网络经济的大门。在信息和技术方面，企业要设立网络总监（ChiefNetOfficer，CNO），负责信息的整理和技术创新。网络总监将成为网络经济下企业的一个重要职位，他主要负责管理企业内部的信息流和内外信息流的交换，并确保信息在需要时能及时获得，实现信息在企业内部的实时共享，不断推动企业信息的增值。作为企业之本，人的管理则是重中之重。在网络经济时代，企业的成败同样取决于人的管理。怎样求才、知才、用才、育才是每个成功的管理者必备的素质。"以人为本"已成为当前企业人力资源管理的要诀，而"以人为本"又强调人的能力的管理，"能本管理"将成为网络经济条件下企业人力资源管理的重心。

第二节　网络环境下的企业组织架构

一、企业如何面对网络经济

在网络经济时代，企业必须在内部进行创新。要强调的是，创新中占第一位的是组织结构的创新。如果组织结构束缚了企业中最活跃的因素人，那其他的一切创新都谈不上。以前很多中国企业都是金字塔的直线职能结构，这就没法适应网络经济下对企业迅速适应外部市场变化的要求。

国际上对企业发展时代确定了三个主题，20世纪80年代的主题是品质，90年代的主题是企业再造，而21世纪的主题是速度。互联网把世界缩小了，实际上我们每一个企业面临的都是"两个全球"，一个是全球网络的供应链，一个是全球网络的消费者。

信息革命已经产生了巨大影响，特别是对商业有巨大的影响。传统公司的结构正在迅速变化，公司的速度必须要快，必须要有创意。重要的是，需要企业改善自己的灵活性以及更好地使用技术。任何企业如果不把互联网的技术融入自己的战略中，它就会落后。企业必须及时抓住因特网的技术手段，开展网络营销与电子商务的应用。

二、企业重组

一些曾经辉煌一时的企业在管理完善、注重底线收益的等级架构中依然运作自如，因而只会零敲碎打地做些逐步改善。然而，它们的强劲对手已经重新定义了，现在还依然在改写着企业成功的规则，使其业绩显著提高。

直至最近，许多这些曾经显赫一时的企业仍执迷不悟、固守成规，无视管理思想新时代的到来。因此，企业在重塑自我及其经营方式的竞赛中被甩在后面，自是情理之中的事。

这种管理思想的新时代，我们称之为企业组织的新思维。它基于以下 6 条原则，对企业自下而上的组织和管理方式做了再定义。①企业组织是最关键的竞争优势。②员工参与是最有效的控制。③全体员工都能显著增加价值。④横向流程是建立高效企业组织的关键。⑤应该围绕产品和顾客设计企业组织。⑥有效领导是企业组织高效的关键。

企业组织的新思维明晰了构筑 21 世纪高效企业组织的基础。其基本出发点是，搞好企业组织的设计和管理可以提供最关键的竞争优势。要在未来激烈的竞争环境中获得成功，企业必须尽量采用横向流程、提高员工参与度，必须有高瞻远瞩的领导来管理企业。

企业管理层次剧减。大型企业中越来越见的是单一的管理层次，但同时又有两三层的汇报协商关系。我们今天所熟知的工作职位正在消失。每个人都需要具备不同的技能，需要迥异于从前的事业成功观念。教育培训愈加重于同仁互学、终生学习、自我管理以及解决问题的技能。巨型企业举步维艰，在其努力提高竞争力的过程中，导致数百万人失业。

摒弃传统的企业组织方式，转向新的管理思想模式或企业组织新思维，现在不会、将来也永远不会是一个简单的、无关痛痒的变革过程。它不仅需要企业组织改变其设计、构造和运作的方式，还需要员工行为的改变。

新思维的第一观念是：一个企业要想以其竞争对手无法效仿的方式运作，就必须在管理体系、流程和结构方面建立竞争优势。企业有了合适的组织结构，可以更快推出新产品，更好提高产品治理，更快捷、全面地满足顾客要求。这与传统的等级式架构完全不同，它们认为企业的竞争优势来自强大的财务、人力和自然资源，打入市场的能力以及不同一般的技术。

卓越、利落的企业组织方式比传统等级式企业组织方式能更好适应今天的劳动力队伍、全球竞争及技术的现实要求，可以带来重大的可持续竞争优势，但必须进行跳跃式的变革和重大的业绩改善，而非渐进式的不断变革。

三、开启企业管理变革的新路

混乱是变革所固有的特点。变革总是非常复杂的，变革总要涉及一系列尖锐冲突的需求。无论有多么完美的计划，事情从来不会万无一失。事实上，极少有什么变革在第一次就进展顺利。最重要的是，在错综复杂的组织中实际变革时，应反对僵硬的学院模式，也不要理会浅薄的管理时尚。

组织中的真正变革是极其个人化和微妙的。变革所涉及的不仅仅是一个组织的战略、架构和业务，而且还要改变员工的认知、期望和行为表现，同时还要以让他们保持专注且持久的方式来变革所有这些要素。而这才是变革带来的真正挑战。因此，企业管理变革要培养推动变管理变革所需的关键人群，创造新的组织文化。

在组织迅速发展的当今时代，变革是唯一不变的主题。置身组织中的经理人时刻面临着组织变革和员工变革的问题。与其被动应付变革，不如主动促进组织内变革的实现。

实现组织的变革可以有多种途径。其中，组织发展变革方式已开始日益广泛地应用于组织的变革实践中，并被证明为促进组织实现管理变革的一条有效途径。组织发展已成为西方企业界的一个热门话题。

组织发展是一种参与式的变革尝试，它鼓励所有受到变革影响的人们积极参与组织的变革，并主要利用行为研究模式来引导人们进行变革。尽管这种变革尝试可以把个体作为重点，但大多数情况下，组织发展举措的主要目的是促使组织内群体或整个组织发生变革。

第一，组织发展着眼于内部群体的变革。尽管它也是通过使人们掌握新的知识、技能和观念，从而达到变革的目的，但它不同于培训等其他变革举措。组织发展往往力求创造一种新的组织文化，旨在培养推动变革所需的关键人群。而培训却很少能带来组织文化的改变。

第二，组织发展通常着眼于长期变革。在这一点上又与培训有所不同。培训寻求的是短期效果，它的目标是为人们提供能立刻应用到工作中的新知识和新技能。而组织发展注重内部群体或组织的变革。由于群体和组织变革所花费的时间比个体变革的时间长，实践组织发展变革通常需要相当长的时间。据某些官方机构估计，大企业实行大规模变革通常需要4—6年的时间。一般来讲，实行变革的群体和组织规模越大，变革工作越彻底，所需要的时间就越长。

第三，组织发展通常依赖外部顾问的协助。外部顾问的职责是促进而不是指导变革。组织可以从外面聘请顾问，也可以从其他部门引进。从事组织发展工作的外部顾问有一个特殊的称谓，被称为变革分子（changeagent），因为他们是变革的推动者。

第四，组织发展本质上具有可参与性。它要求变革所涉及的群体或组织中的每个成员积极参与到变革的全过程之中，在所发现的问题上达成共识，制订解决问题的方案和框架，提出推进变革的行动计划，积极参与实施工作，并在评价变革结果时发挥主要作用。

四、塑造健康的组织

多数经理人把时间更多地花费在令企业聪明上。然而健康的企业最终总能找到办法比其竞争对手更聪明。

多数高级经理人通常花费相当多的时间，在战略、技术、营销等领域寻找竞争优势。这样做当然非常聪明。不幸的是，信息的流动缩短了这些优势的持续时间，以至于公司所享有差异优势的时间比以往任何时候都缩短。

但是，有一种被忽视的优势却对所有的公司都敞开大门。更重要的是，这种优势根本就不是建立在信息智商之上的，因而持续的时间绝不亚于以前。这就是企业健康。

在健康的企业中，士气与效率更高，人才流失率和招聘成本更低，每个高级经理人都盼望其组织能够拥有这些品质。

健康企业总有自己的一套独特办法，即使它们的观念暂时落后于竞争对手，也总能发现自己的不足并及时采取改进和革新措施。相反地，许多占据竞争优势的企业，却因为创新能力下降和内部管理、混乱以及其他问题而丧失了竞争优势。

健康企业总能解决发展中所遇到的问题。例如，在企业经营的困难时期，健康企业的员工更能团结一致，支持企业，留在企业的时间更长，最终也就能凭借他们的努力重新建立企业的竞争优势。

虽然高级经理人能将战略、技术、营销、财务等责任很好地分派下去，让他人向自己直接汇报，但是他们却不能将令企业健康的责任分派给其他任何人。只有企业的领导团队才能令企业健康发展。

正如其他许多成功要素一样，组织健康理论上很简单，但实施起来却很困难。它需要异乎寻常的决心、勇气和毅力，但是不需要复杂的思维和分析，只需要掌握四条原则：建立团队的领导队伍；树立明确的组织理念；明确地传达组织理念；通过人事制定强化组织理念。

1. 建立并保持团队的领导队伍

建立团队的领导队伍是这四条原则中最重要的，它是其他三条原则的基础。但它也是最不容易达成的，需要高层管理者相互高度支持。

团队的领导队伍的精髓，是不和谐、不协调和无用功。虽然多数高层管理者意识到领导队伍中确实存在不和谐行为，但是却经常低估其严重程度及对企业和员工的负面影响。

高层管理者经常无视员工之间的不协调，然而这些不协调对于基层人员而言确是一条不可逾越的鸿沟。当基层人员尝试自己解决这些矛盾时，就不得不进行没有结果的持久战。所有一切，却是组织高层人员漠视所致。

当高层管理者不去面对同级来解决某一潜在不同意见时，其下属就决定要花费时间、金钱、感情和精力来解决这些无法解决的问题。这可能导致公司最好的员工开始在其他一般的企业寻找工作，而对那些留下来的职员来说则造成了一种理想破灭、不信任领导和精疲力竭的氛围。

团结的领导队伍总是能够解决他们之间的问题，为他们自己同时也为员工营造了一种信任和积极向上的氛围，从而确保了组织内多数精力是花在取得企业想要看到的结果之上。

最重要的是，团结的领导队伍工作效率很高。与不团结的领导队伍相比，他们在做决策时速度更快，决策也更深入人心。他们花在考虑其同级是否会支持某一工作计划并为之努力上的时间也相应更少。

团结的领导队伍当然也会有分歧，但他们是为解决问题而提出方案，并非为私利而产生矛盾。最重要的是争论过后，他们可以达成一致意见，他们的这种能力是惊人的。

2. 树立明确的组织理念

树立明确的组织理念，并非选择合适的词汇，来表达公司的使命、战略、价值观，而是对驱动企业生存和发展的基本概念达成共识。

这一点为什么如此重要呢？因为它向组织各层级员工提供了共同的语言和关于是非轻重的一套基本假设。它令员工在不需要管理者随时监督和指导的情况下，能自己做出决策解决问题。从根本上讲，明确的组织理念令企业得以更有效地分派任务，并且赋予员工真正的自信心。

当各级员工对公司要往哪里去，成功是什么样的、竞争对手是谁、要成功就要做什么等问题有了共识之后，他们就极少浪费时间和精力在一些分歧上了。这种公司里员工的自主性是惊人的。他们知道其行为界限，也知道何时在行动前需要上级的指导。他们自我决策的能力营造了一种权力下放和紧迫感的气氛。

如果创建明确的组织理念的威力如此之大，那么为什么不是所有的高级经理人都这样做呢？这是因为，他们过分看重灵活性的价值了。他们希望自己的组织"行动敏捷"，因此不愿意明确讲出企业的方向，或者是讲得不彻底，由此赋予自己可以半途改变计划的权力。

一个企业尝试建立明确的理念时所遇到的另一问题，是无法将企业目标分解为具体责任，交给管理队伍。只有每个目标都被分解，且相应的责任也分给了合适的高级管理人员，才能做到责任明晰。即使当某一目标看似应该由某组管理人员负责时，也仍需要指定一个目标的责任人。

3. 明确地传达组织理念

一旦组织已经建立了明确的理念，它就必须尽快将此理念传达给每一位员工。

第三节　网络化的企业组织和工作方式

一、网络时代企业组织和工作方式的变化

网络经济时代，企业生产、经营方式和观念的转变是以企业组织形式和运行方式的虚拟化、网络化为前提的，同时企业虚拟化、网络化也是这种转变所导致的必然结果。

虚拟企业是网络经济时代企业组织形式的一个发展趋势。各种虚拟化程度的诞生，将取代过去的传统企业运作方式，人们将不再需要固定的办公地点，他们可以在家里甚至在汽车上进行工作。企业雇员利用飞速发展的计算机网络和现代通信技术提供的方式进行虚拟操作，可以为企业充分利用其他组织所拥有的资源。这些资源如果在企业内部发展的话，成本会很高，花费时间也很长。企业甚至可以临时利用其他企业的高度熟练的设计人员、复杂的软件或生产能力，开展虚拟合作。

虚拟合作有两种类型：第一是创造虚拟办公空间，同一企业的雇员可以置身不同的物理空间，但通过电子手段的连接，使他们如在同一个办公大厦里工作；第二是进行虚拟经营，不同企业的雇员通过电子手段的连接，使他们如同属于同一个企业。

虚拟办公室使得那些新创立的企业雇佣关键人员方面有更大的灵活性。这些人员可以工作于不同的城市，但以电子方式紧紧地联系在一起。康柏（Com-paq）计算机公司关闭了销售办公室，销售人员带着与综合数据库相连的计算机走出公司从事工作。销售人员不必每周返回一次的公司，他们只需一台笔记本计算机和一个调制解调器就可以了。公司的销售队伍裁减了 1/3。这些措施大幅度降低了其产品的价格，康柏公司也因此在两年内总收入便翻了一番，每一个销售人员推销的计算机数量增加了 5 倍。

当前企业改革的重点是将大型组织机构分成许多小的、能提供某种专门服务

的、自行管理的单位。智能信息系统可以通过企业内综合通信网（LANS），或者通过组件系统，把所有的生产经营活动结合成为一个工作整体，这样不仅能协助各个阶段的工作，而且还可以使人们在任何地方通过电信设备进行远程工作。

当今，很多经理人员在旅行时，通过使用便携式的信息技术装置，同总部进行例行公务联系，结果便出现了一个新词："不停奔波的高级经理"。

远程工作办公是人们既能在办公室工作又能居家或其他地方工作的一种办公方式，其核心是一个卫星中转站，此外还包括使人们能够在附近不远处工作的信息和设备。其特点是：

1. 随时招聘的工作。远程工作办公的出现，使得由临时工作人员和兼职雇员组成的随时应聘劳动大军的人数急剧增加。

这种现象标志着向一种独立的更加成熟的自我就业方式的重大转变。随时应聘人员成为真正的有知识的企业家，他们通过开办自己的企业，或者作为承包商从一家公司转到另一家公司，来开创自己的事业。

现代就业正沿着一个连续体在扩展。这个连续体的一端是传统的全日制工作，另一端是自行创业的企业家。新的就业合同处在这个连续体的中间，既提供了同业的一种松散的联系，同时也使企业家有自己的自主性。

企业的每一个单位的管理都可以通过一个几乎拥有全权（从生产设计到加工制作、售后服务和最终处理等）的由知识型工人组成的自我指导的班组来管理。由于实行网络化取得了巨大的灵活性，产品能适应每一个用户的需要。当用户确切说明他需要一种什么样的产品时，产品循环便开始了。

管理部门采用按工作成绩分配预算、工资、奖金和其他资源的办法来管理班组，但也允许每一个班组按自己认为最好的方式自行掌握。典型的例子是：每一个班组可挑选自己的成员、领导，选择其操作系统和工具，并同供应商和其他单位一道工作，这往往要比以前正式指派监督人员的做法效果更好。

2. 传统"工作"的消失。今天的机构已经脱离了"按岗位付酬"的旧观念，即按其履行规定的职责（如正点上班或与其他人进行合作等）的情况支付工作人员的工资。这种制度保持了一种有条不紊的意识，但是与生产能力没有任何关系。现在，"按岗位付酬"已让位于"按业绩付酬"，这是一种更加讲究实际的安排——

即按其生产成功支付雇员的工资。

这种趋势正在导致一种新型的就业合同，即把雇员的权利和责任联系在一起的合同。在新的就业合同下，企业的效益是有保证的，工作人员有机会挣更多的钱，并能主宰自己的工作局面；同时这种体制也适用于解决复杂情况和变化。

在未来，工资制度会变得更加多种多样。不论什么样的工资制度，也不管是什么样的机构，中心思想是确保个人感到其贡献同其得到的报酬是对等的。既然平等是主观的概念，最理想的工作制度只能由有关人员来确定。然而，各种各样的付酬制度可能都是切实可行的。

由于信息系统为用户提供了方便和帮助，而且价格低廉，因而为进行远程工作代替面对面的工作提供了更为便捷的方式，而不需要雇员长期在同一建筑物内从早上9点工作到下午5点，通过信息传输手段策划工作将会超越从前受到的时间与地点的限制。由于新的就业合同确立了责任制，各个班组可利用信息技术能力来制定他们认为是最好的工作方法。因此，在家里办公变成了可行的选择，并已成为一种趋势。当然，在家里办公也有不足之处。雇员在家里办公经常担心他们的工作效率很高却不被注意，监督人员则为不能进行监督而感到不安。

3.灵活性的工作。未来的组织机构将需要很高的灵活性。自我管理工作小组对于建立可相互交换的生产组合单元极为重要，这种组合是可增可减的：为了满足对某一产品或某种服务的需求增加时可以增加，当经济处于不景气时迅速撤换取消，或者为了获得新的技术本领而进行彻底的改组。

雇员同样也会越来越需要灵活性来应付现代生活繁忙紧张的特点。既然双职工家庭成为常规，男性和女性必须选择他们的工作时间和地点，以便平衡工作、家庭、教育等的需要。灵活性在处理老年人、青年人、少数民族、残疾者以及其他类别的特殊需要方面将是必不可少的。

信息网络正在把一些组织机构变成一个小型的、通过改变自行就业班组的组成进行实时管理的自动系统网络。这一历史性的转变将会消除那种长期乏味的工作，从而能将人们解放出来，去从事更加复杂精细的任务，这种观点目前正对以信息网络为基础的经济提出重要挑战。对大多数人来说，未来的工作前景既具有挑战性，又具有刺激性。

在网络经济时代，牵动经济发展的主导产业不再是大量消耗自然资源的制造业，而是以信息、文化、科技为主体的"软资源"。"软资源"作为推进经济结构演进、经济增长的主要因素，必然对生产组织、管理带来一系列变化。

1. 流动办公室。计算机与网络的发展，使得在家工作的人数将大幅度增加，所以，未来企业没有必要建一栋大楼，将所有员工集中起来，取而代之的是流动办公室，员工在需要时才来办公室，平时可以在其他场所上班。信息网络技术的发展使得人们不必面对面也能交流。21 世纪的管理者，势必要具有长于沟通、善于营造温馨气氛的能力才能胜任。

（2）弹性工作时间。弹性的工作时间将成为事实，人们随时随地只要打开计算机，利用计算机网络马上就可以工作。于是，每周工作时间将视工作量需要而定。此时，人们要的是对工作的自主权，强调工作质量，不希望受到限制，不甘只做工作者。所以，管理者要根据工作成果来衡量绩效，报酬将视工作成果而定。

（3）智慧财产。未来的企业员工找工作时，所考虑的因素不仅是工资，还希望可以分享企业的经营成果，更加追求自我实现的机会。要改变原有的激励方法，让员工像是在为自己的事业拼搏一样。员工智慧的投放，将为企业带来财富。企业想要留住人才，最好的办法是使员工的智慧成为企业财产的一部分，并将其智慧视为财产计入股份，以增加其归属感和向心力。未来有智慧的员工应享受更好的礼遇。"人是最宝贵的资产"，这句话将真正落实到企业经营管理中。

（4）研究开发成为企业发展的命脉。信息传递的速度越来越快，科技不断推陈出新，使得新产品的研制开发过程越来越快。届时，产品的寿命周期将大幅度缩短，市场竞争更趋白热化，消费者将习惯于喜新厌旧，而新产品的开发将成为企业的命脉，管理要适应和促进新产品的开发。信息科技的日新月异，造成市场竞争更为激烈，墨守成规的产品已不符合未来企业生存的需要。因此，企业管理者要将目光拓展到通过国际网络所创造出来的以信息为主题的市场，认清信息本身就是高附加值的商品，才能不断使企业再生，创造出更高的利润。

二、SOHO 的流行

"到单位去上班""到办公室去办公"。多少年来，这已成为人们约定俗成，或者说是必须遵循的工作方式。然而，20世纪80年代末90年代初，开始流行起"在家上班"或自己在家开办小公司的新时尚，SOHO为"smallofficehomeoffice"的缩写，指在自己家庭等设置事务所，依靠信息设备、计算机通信网络开展业务的形态。这一工作形态诞生于美国。在日本，由于计算机网络等通信环境的完备以及企业外部附属单位的增加，这种新型的工作形态也迅速地出现。

1. 在家办公

美国在家办公也称作远程办公，即通过连接公司计算机终端机进行远程距离工作。这一趋势正在改变传统意义上的工作和工作附属的定义。在家办公起源于20世纪80年代末90年代初开始兴盛。随着新一轮科技革命的兴起，人们可以采用电子邮件、传真和电话等手段，随时进行跨时区、国界、洲界的沟通和交流；人们可以在路上、家里、车站、机场进行工作。显而易见，传统意义上固定工作场所的重要性正在日益降低。

美国现在约有半数以上的公司设有"在家工作办公室"或"远程工作规划处"。那么，在家办公对公司对个人又有哪些吸引呢？美国人认为：首先，公司可以缩减办公用地，人员在家办公，不仅可以节约水电费等开支，而且腾出的办公楼可以退租或出售。其次，可以吸引并留住优秀人才。第三，可以提高工作效率。据统计，采用在家办公的公司认为，工作效率提高的幅度在4%—25%之间。美国佐治亚电力公司在家办公者中的效率普遍提高10%，部分原因在于员工把以前用于上下班路上的时间投入了工作；另外部分原因是员工开心。北电公司90%的在家办公者认为在家工作开心，因为以往只有专业研究者如教授和学者才有资格享受这种待遇；73%的人认为，在家办公比在公司办公楼内工作所感受到的压力少得多。

但即使在美国这样一个法制比较健全的国家，对于"在家办公"的法律尚在探索和建立之中。一些公司感到，对于在家办公遇到的最大麻烦是一些同法律有关的问题。比如，员工在家办公，他在工作时受了伤，他提出公司应当给予某些特定的补偿。公司对此需要鉴定，那么工伤的鉴别和判断的标准是什么？还有美国人很重视家庭地位，把它视为神圣不可侵犯之地。员工把办公室搬到了家里，他的上司是否还可以像在公司办公楼里那样随时进入员工的家庭办公巡查工作？

随意进入，是有侵犯隐私权之嫌的。美国人觉得这是一个很大的法律问题。员工在家办公，势必要把公司资料带回家，其中包括计算机软件和公司文件，这些东西不仅是公司财产，而且其中内容属于公司机密，如果发生失窃，怎么办？如果员工突然提出辞职，公司如何进入员工的家里清点物品？更有甚者，如果员工复制这些公司机密文件，转手倒卖给竞争对手，在现有的法律上很难说是他从公司里直接偷出来的，其他还有员工的绩效评估、员工的提级加薪等问题。

毫无疑问，新的世纪将有更多的人采用在家办公的方式，在家上班将不再成为报纸杂志的新闻。员工们实际上将面临的是对在家上班还是在办公楼工作的问题做出选择而已。对于企业而言，问题要复杂得多，这是对企业管理提出的挑战和新的课题。

2. 家庭公司

李昌河是韩国一家大旅行社的职员，在大多数人看来，他经济收入稳定，社会地位高，属于令人羡慕的白领阶层。但是 2 年前，他突然主动提出辞职，自己办起了一家小型皮箱租赁公司。

李昌河在旅行社工作多年的经验告诉他，人们并不愿意花很多钱去购买自己一生只能用上几趟的皮箱。他作了大胆的设想，如果人们只需花费买一个皮箱 1/10 的价钱就可以租赁到皮箱，那是相当有吸引力的。李昌河用他辞职的钱，买了各式各样大大小小的手提箱、密码箱、皮箱……他的家就是他的办公室，他利用自己的计算机做广告，大大节省了开支，随着业务的扩大，就连韩国最远端的济州岛也会有租赁的订货单。现在，皮箱租赁公司最主要的开销是快递费和电话费，除去这些，李昌河一年的净收入约合 500 万元人民币。

类似李昌河这样的租赁公司，在几年前还难以为韩国人所接受，但是现在冒出了越来越多的小型家庭公司，统称为 SOHO。在韩国，由于传统观念认为在大公司工作比自己经营小公司更有声望和地位，最初 SOHO 的发展受到限制，只有 3 万家左右，但是随着韩国新生代思想观念的变化，越来越多人认为穿西装戴领带去上班不再是天经地义的事，也未必只有当上律师、医生才光宗耀祖，SOHO 于是越来越发展壮大起来。

毫无疑问，近来 SOHO 的盛行也是因为韩国接受了 IMF 苛刻的援助协议，许多人担心失去工作。

虽然 SOHO 会解决部分失业问题，但 SOHO 也并非百试百灵的妙药，据估计，大约只有 30%—40% 的 SOHO 会在残酷的竞争中得以幸存。有关专家认为 SOHO 成功的秘诀在于详细彻底的市场调查，并抓住那些创新的机遇。

3.SOHO 应用技术

（1）真正的"移动办公"。无线通信类产品，标志了现代无线通信领域的又一次突破，其领先的创意、先进的技术，使我们真正可以摆脱电话线的束缚，无须话机、连线和转换器，随时随地、随心所欲地与世界沟通。数据通信从来没有像现在这样方便。

传统意义上的"移动办公"只是推广笔记本计算机的营销手段。仍然没有脱离电话线的束缚，同时在其应用方面局限于笔记本计算机本身的功能，仍存在相当的局限性。这里所提出的真正意义上的"移动办公"概念是围绕无线数据通信产品，组合各种数字终端应用技术，针对不同客户需要，而特别推出的"数字产品套餐"。

（2）数字产品"套餐"的应用。作为"移动办公"概念灵魂的数据通信产品是整个组合中的核心，也就是数字产品套餐中不可或缺的主菜。所有其他产品都是其功能的延伸，是其具体的应用方案。也就是"套餐"中丰富多彩的副餐。主副餐之间的有机组合可以满足各种特殊口味的需要。

运用现代数据通信产品，可以实现诸多功能：随时随地与商业伙伴双向视频沟通；随时随地浏览因特网，下载所需要的资料，收发 E-mail，接收短信息；也可以在通话的同时进行文字处理，阅读传真或编辑电子邮件等。

（3）数字化生活。21 世纪是一个数字化的时代，我们所面临的是一个全新的数字新世界，将极大地改变我们的学习方式，工作方式，娱乐方式及根本的生存方式。

数字化的真正意义在于数据的高精度及相互沟通性。无线数据通信产品实现了语音传真以及 E-mail 的互联，为数字信号的传输奠定了基础，突破了信息社会发展的瓶颈，消除了空间及时间上的物理距离，在任何想象得到的地方都可以满足移动通信要求，随心所欲地沟通。

三、SOHO 的类型

SOHO 作为多媒体时代的新的事业形态、工作形态，引起人们高度的关注。对大型企业来说，为了减少费用，提高业务效率，确保优秀人才，也会把它作为解决各种深刻的经营课题的对策，探讨如何加以有效地应用。

现在，SOHO 是以下种种工作形态的总称。这些工作形态包括两个方面：一是个人在家工作，如独立的事业家在自己家中兴办风险企业，家庭主妇通过输入企业的单位资料，在自己家中从事临时工作等；二是企业职工在家工作或流动办公，如公司的销售直接往返于销售地，企业的调查员、设计员在家工作等。因此，凡有意于应用 SOHO 的大型企业，有必要充分认识其几种类型的特征与问题，以便选择最适合于本单位情况的应用方式。

1. 独立事业型的 SOHO

这一类型指少数运用其自身的专门知识和技能所从事的小规模的个体工作。过去就已出现服装设计员等小规模的个体从业者。他们在信息搜集、广告宣传方面与大企业相比存在很大差别。但是，随着近年来计算机网络的发达，这种差别正在消失。现在，这些个体的从业者发挥其规模小、反应迅速、细致、便于相互协作等优点，在自己所擅长的领域创造出比大型企业更高的附加值。因此，雇用这些附加值高的个体从业者作为外部代办人的大企业也在增加。

但是这种类型的 SOHO 还存在一些弱点。如事故防范及事故后的复原体制比较弱；因为规模小，社会的信赖度低；由于应付过度竞争而廉价倾销；在通信环境方面难以克服的风险等。

2. 承包型的 SOHO

这是不设立独立的事业所，受企业的委托在自己的家庭等场所从事翻译、资料搜集等业务的 SOHO 类型。也可以说，这是以往在企业内进行的临时工作的家庭化。

企业采用这种类型的 SOHO，使家庭主妇、上班有困难的退休老年人、残疾人等特殊人群能够从事临时工作，具有重大的社会意义。对企业来说，这样做有利于挖掘各种有经验的专门人才，也有很大好处。

但是，除了翻译、设计等专门性很强的领域之外，许多企业还是更重视传统形态的临时工作，加上老年人操作计算机的能力不强，使这种类型的 SOHO 还不能十分普及。

3. 企业内的 SOHO

这是实施职工在家工作、设置辅助办公室的 SOHO 的类型。有些企业的销售部职工就是采用这一类型。

销售部的员工一个月只有几次到公司参加会议，日常工作一般通过计算机通信直接从现场向公司报告，公司里只设置共用的座位。某些企业因采用这种类型的 SOHO，增加了销售部员工用于营销活动的时间，节省了公司办公场所空间成本和员工的交通费。另外，越来越多的企业通过实施自由上班的工作方式，向内外表明本公司器重员工能力、奖励有用人才的态度，以便招收优秀的从业人员。

但是，这种类型的 SOHO 的采用，也带来了一些有待探讨的课题。就企业方面而言，存在诸如劳务管理、劳动保险，以及有关的社会福利问题；就个人方面而言，则存在在家工作所产生的孤独感，生活与工作节奏混乱，以及在家从业人员的自我管理问题。

不论采用哪种类型的 SOHO，若想获得成效，就必须向内外表明其能力第一、成果第一的用人制度以及相应的评价方法，实行公司内外的信息共有共用，尊重从业人员的自由和自我管理。但是，许多大型企业在采用 SOHO 的过程中，没有及时探讨上述问题，导致效果不甚理想。

SOHO 对大型企业来说，不仅是多媒体时代的新的工作形态，而且也是下一代新型的企业组织管理方法有无实际成效的试金石。

四、组织机构的改变

1. 传统的 M 式机构的改变

创新和市场营销在全球经济中的核心地位正在改变企业的形式。传统的公司形式是所谓 M 式的模式，即杜邦公司在 20 世纪 20 年代开始实行，后来由小阿尔费雷德斯隆领导下的通用企业公司加以完善形成的"多部门公司"模式。令人惊异的是，大多数重要企业至今沿用 M 式组织形式。这种形式包括一个或多个商业实体，它们各自向公司总部汇报工作。这些商业实体通常侧重于不同的产品系列、市场区域或地理区域。M式公司的目标是对这些业务进行管理，使它们带来收益和利润，并使它们能长期生存下去。这种组织形式使得经理人员把注意力集中在核心市场和核心业务上。

这种机构的弊病在于，由于它把注意力集中在核心业务上，这就使得经理人员相应地忽略了公司核心之外出现的新情况。也就是说，经理人员感到难以顾及现有市场业务之外的"白色空间"。然而，在自由资本、管理人才和技术革新都是充裕的全球经济中，企业遇到的机会有很大一部分都来自白色空间。不论你是谋求扩大现有的业务，还是设法开拓新业务，情况都是如此。英特尔公司的微处理器核心业务的增长大体上就是源于白色空间——即开拓这种产品在媒体中的新用途和世界新兴经济中的新市场。英特尔的新业务（如与网络和因特网有关的新业务等）在其核心业务和现有市场区域之外同时拥有其自己的中心。

2.E式机构的兴起

新公司不论是要扩大还是要取代现有的企业，都必须把注意力集中在市场与行业的营造上。随着新的商业生态系统的建立，导致一些新形式的企业领导与结构的出现。多部门的形式现在正在让位于生态系统形式（即E式）。E式机构与M式机构有两个主要的不同点：第一，对于企业感兴趣的每个商业生态系统而言，E式机构都有助于解决各种各样的生态系统领导问题，而M式机构仅仅只是为解决企业的领导问题服务。第二，由于E式企业在多个生态系统中都拥有利益，所以它能自觉协调在各生态系统中的活动，并参与面临不同发展挑战的生态系统。

E式机构的一个重要特点是，它能把全公司商业发展的各种功能连为一体。一个E式公司有办法招聘到各种人才，其中包括销售和营销、技术与制造、组织与财务，甚至处理同政府之间的关系的人才。E式机构赋予这些人紧密协助、迅速培育并领导一个完整的生态系统的权利与责任。

在传统的M式机构当中，也能发现这种分工和职能，但是传统机构中的这种功能通常都被分隔开来注入固有的市场和业务的职能"通道"之中。负责客户与市场渠道的人通常不负责开发上游货源，与政府的关系通常同营销分开，而营销又往往与处理同金融界的关系毫不相关。在 E 式机构中，这类形形色色的权力与专门技能都融合在一起，支持市场与生态系统的发展与形成。在一个传统机构中，得有一个足够大的场所才能装下为全面解决一个商业系统的问题所需的全部人员。而新式机构把适当级别上的适当的人聚集在一起，使你能以尽可能少而有效的组合办成事情。

3.E 式机构从环境中吸取资源

与传统机构相比，E 式机构更能从企业外获得资源。建立生态系统的任务要求能够找出对具体的市场区域有兴趣或可能有兴趣的其他有实力的企业。要想建立生态系统，就需要对那些有实力的企业进行调查，以确定它们能多大程度上把不同的利益和努力协调起来，来实现利益的一致性，从而有可能采取协调一致的、互利的联合行动。在 E 式机构中，取得成功的最重要标志是，所有有实力的重要角色都被考虑进去。而且，如果可行的话，所有重要角色都可从战略的成功实施中得到好处。正如一位客户所说，"我们的目标是，在这个领域内，没有任何其他公司打算在不考虑我们的利益、意图、计划和行动的情况下采取行动"。

不仅如此，E 式机构的管理人员实行管理的方式也与传统的 M 式机构中所谋求的管理方式不同。M 式机构的经理们需要尽可能多的控制权和把重要的功能百分之百掌握在自己手中。而在 E 式机构中，管理人员懂得要适当放松控制。在许多情况下，明智的做法是把主要精力放在产出上而不要把管理人员的精力以及投资和资本耗费在获得控制权上。E 式公司的管理人员希望知道的是，他们对本生态系统的设想而不是与之相竞争的设想。只要能做到这一点，E 式公司管理人就会觉得，这种投资是多多益善的。

第四节　知识网络组织

管理学专家预测，全球商业大战的赢家就是那些按照真正的知识网络进行规划的组织。各个组织之间的区别不再是它们怎样管理物质资料或产品的流动，成功与失败的最显著的差异将是能否有效地利用员工解决问题的专业技能，以及抓住客户、供应商和商业合作伙伴带来的各种机遇。一个公司的成功与否将取决于它对于客户的独特需求、政府政策的变化、结成战略同盟的机遇、材料技术上的突破，以及能够对竞争性的挑战做出迅速、有效的反应。未来商业战是在不熟悉的环境里进行的，现有的企业程序将不再适用，甚至可能会导致灾难性的后果。传统等级制组织通常是自上而下驱动的，两个公司之间的战略联盟通过董事会议确定下来。而今天，新的商机将更多地来自于一个顾客及其客户代理人、两个通过电子邮件联系的大学校友，或者是一个从你的竞争对手变为合作伙伴的客户。

环境的变化需要企业在收集、储存、处理和分配信息的方式上发生重大的改变。过去，信息处理技术是管理控制的实现手段。而在未来，它将成为一个组织的知识创造和传播过程的核心。一个组织所具有的与众不同的关键竞争力将是它把新的信息与现有的专业知识融合成一体的能力。反过来，现代信息和通信技术将决定那些以知识为基础的竞争，并将竞争推广到每一个角落。

随着信息网络技术的进步，企业组织将会使它们的竞争者、供应商以及客户的商业环境产生巨大变化。它们通过三个方面引起环境变动，利用信息网络技术使服务个性化，促进知识劳动流向人力资源最廉价的地方，以及使组织实现知识劳动的全球性规模经济。在这样一个世界里，响应性、适应性和灵活性对于系统成功的重要性将远远超过过去。

对组织的设计将给组织带来新的灵活性，使其更像是网络而不是纵向的等级结构。在一个网络化的世界里，大家不仅彼此连接，而且也和跨部门、单位甚至是不同组织的强大的数据库连接起来。监督和中层管理的职位让位给有资格的知识工作者和具有交叉功能的工作团队。信息网络技术使这些工作团队跨越国界，实现每天 24 小时、每周 7 天的工作。因此，信息和网络技术既是以知识为基础的经济和组织的需求者，又是它们的驱动器。

一、知识网络组织的设计要求

1. 环境的动荡与网络组织

在网络世界，一个公司的成功将依赖于它从信息中获取价值的能力。商业环境越不稳定，对信息的需求也就越强，存在的机遇也将越大。要满足对信息的需求，必须利用信息和网络技术将人们的技能和专业知识连接在一起。当信息流动从商品交易的流动变为知识的流动时，处理这些流动的组织也必须发生相应的变化。

信息时代的竞争要求我们改变思考信息和组织设计之间联系的思维模式。职能等级制度和按部门划分的传统组织形式认为：信息是权力的来源和手段；组织处理信息的数量和复杂性要降低到最小。组织的信息处理能力在过去主要用来协调和控制各种资源。

除了难以应付商业环境的不确定性之外，按职能、部门划分的组织也不能充分利用现代信息和网络技术提供的高带宽。今天许多企业的经营程序常常是徒有先进的信息技术的华丽外衣，而缺少相应的信息处理能力。尽管计算机功能强大，工作站简单易用，但是，它们只是更进一步地巩固了植根于当前企业经营程序中的专业职能分工。更糟糕的是，尽管这些程序经常跨越组织上的界限，而相关的信息系统和数据资料却并非如此。由于企业一般都按照组织职能和部门结构上的划分来对信息系统进行投资，所以信息通常是不连贯的、不兼容的或者是不符合实际经营水平的。一个职能部门内部的经营程序和信息系统的改善常常导致其他职能部门出现新的瓶颈。因而，整个组织总体上的改进甚微。尽管组织频繁地进行重组整顿，它们仍发觉自身已经被当前的信息系统锁入了一个僵滞的结构之中。而最新的客户服务器技术的发展趋势和信息系统责任的分权可能会使局部系统的问题更加严重。

我们将与信息竞争，在这样一个时代里，我们所需要的组织结构应该建立在一个基于对信息与从前迥然不同的假定基础之上：首先，信息应被共享，而不是被储藏起来；其次，信息是权力的源泉，也是知识的源泉。知识的产生需要"自由获取企业的信息"。信息既不能被储藏起来，也不能从职能、部门和等级上进行约束。按照日本学者野中那次郎（NonakaIkujir）的观点，"当存在信息上的差异的时候，一个组织中的各个成员不可能再在地位平等的基础上相互合作，因而妨碍了他们去探索新知识的能力"。而网络组织是建立在信息资源共享基础之上的一种组织形式，它摆脱了职能、部门和等级的约束，因而具有无限活力。

2.动态的网络组织

动态网络组织通常被称为虚拟组织，在虚拟组织中，知识工作者结成自我指导的工作团队，大家自由地分享信息，供应商和顾客也是产品的合作生产者。网络组织的主要资源是人们的知识和信息。这些知识和信息可以用来解决组织的问题，不管问题发生在什么地方。

信息处理技能将在网络组织中具有至高无上的重要性，但许多组织还必须学会管理各种类型的信息。网络组织必须善于处理四种类型的信息，即内容、形式、行为和动作。对于最基本的内容信息，组织已经处理得相当娴熟，内容信息给我们提供信息的真实情况（比如数量、位置和资源类型等）；形式信息用来描述一个产品或者一项服务或产品（如在计算机上试验模拟汽车的相撞）；动作信息被动态地转化为行动（如沿轨道运行的卫星或信息高速公路系统）。虚拟企业的成功将取决于它能否熟练地处理这四种类型的信息，特别是对于那些生产以知识为基础和以服务为基础的产品的企业而言。

网络组织的结构取决于一个其所处的环境。那些自动加入一个网络组织的顾客将会热情地为它们的供应商和企业合作伙伴进行宣传。网络组织的特征主要有：

（1）知识节点的网络。

（2）知识工作者组成的知识节点。

（3）外购的商品类型功能。

（4）网络的策略中心也是一个网络。

（5）忽视组织的头衔、等级和组织结构图。

（6）组织内部和外部的财富通过市场机制转化。

（7）共享的远见。

（8）共同的文化。

（9）共同的测量系统．

（10）共享的信息和通信系统。

网络组织是知识节点的集合，一个知识节点可以是一个知识工作者，也可以是一组知识工作者。每个节点都有它自己特有的、针对一个特定问题的权限。一旦这个问题被解决了，一个网络也就随之解体，变为新的形式，其新的组织部分可用来解决新的问题、迎接新的机遇。在这些"智能组织"中，增值最大的过程是那些以知识为基础的服务活动。因而，一个网络的永久性节点将越来越多地集中在知识和服务活动而不是制造或生产活动之上。后面的这些职能常常是作为便于替代的商品而获得。

对于一个真正的网络组织而言，特别是对于一个全球性经营的组织，总部和子公司的概念或者是国内和国外的概念将失去意义。未来的网络组织将在某处有一个总公司（主要是处于法律上和财政报告的原因而设立的），或许还有一个中央计算机系统，但是解决问题的网络没有一个固定的中心。

对于一个网络组织而言，公司的定义也变得淡化了。用罗伯特·赖克（RobertReich）的话讲，"公司没有内外之分，而只有与公司策略中心距离远近的不同"。这个策略中心也是一个网络（不是一个地点），它由那些将各个动态网络联结在一起的代理人构成。

对于网络组织来说，传统的权力符号和象征（如组织头衔、等级和组织机构图等）变得不再重要。取而代之的是，对"开放"和"动态"的推崇。因此，跨越法律意义上的公司界限组成工作团队也就势在必行了。

管理知识节点。市场机制、信任和信息技术是将网络组织的各个知识节点临时连接在一起的粘合剂。官僚体制让位给市场机制。和市场机制同样重要的是加入网络节点的人们的信誉、人们之间的关系以及他们之间达成的社会契约。预先的交流将建立起信任和理解，它们或者促进、或者阻碍节点之间在未来的相互作用。

在网络组织中，新的激励因素和创意通常来自于公司内部较基础的层次。知识的产生是每一个人的责任。因而，在大家对于公司或者企业单元想要创造一个什么样的世界这个问题的共同理解基础上形成的共同设想，对指导和影响知识产生活动中的协作有着举足轻重的作用。

要发挥网络组织的功能，各个节点必须有一个共同的测量系统。在 ABB 公司，一个世界各地通用的金融系统从组成 1200 个公司实体的 4500 个利润中心连续地获取数据。这些利润中心平均每个拥有 50 名员工。当与地球另一端的一个同类单元相对照的时候，这样的一个小组无疑能够把注意力集中在像它自身生存这样的目标之上。此外，ABB 还实行小规模的人员分组，以保证本地企业单元在相当大的程度上自治。但是信息系统实现的矩阵管理结构，使公司能够同时管理本地市场和国际市场的产品。ABB 有许多可以互相比较的企业单元，它们的经营业绩用美元来表示。在某些情况下，网络的产出者说知识节点的产出，既不可重复也不能被简便地转化为一种共同货币。因而，更多的主观性的测量系统（通常以同行或顾客的评估为基础）将会流行起来。

网络组织的信息管理挑战。尽管网络组织仅仅是信息技术革命的一个新生儿，但是它的拥护者们却在努力克服着信息管理带来的各种巨大的困难。网络组织需要在一个不断变化着的网络和一个统一的组织存储器之间建立一种随时、随地和多媒体的相互连接方式。信息要被大家共享，但这并不等于说它是免费的。毕竟，它是以知识为基础的经济之中的最有价值的资源。因此，必须要考虑怎样给组织存储器中的信息定价，以及任何激励组织内外的人们为组织做贡献。尽管知识节点之间的相互依赖性会增强它们的合作，但自愿的信息共享不会持续太久。还必须建立一些相应的政策措施，使信息能够在不同组织的存储器之间被连接和共享。那样的话，就出现了如何在存储器里的大量的、在某种程度上有些杂乱无章的数据之海中航行，以及如何将有用的数据筛选出来等问题。而且，在一个企业总是会被控制的世界里，必定会碰到可使用性和个人自由的问题。另外，还需要与增值的合作伙伴迅速地联合和分离的手段。目前实行的准时生产（just-in-timeproduction）显著地减少了潜在的商业合作伙伴的数量，因而降低了企业经营上的复杂性。但是在网络组织中，我们必须控制形成生产上的合作关系所需要的周期时间，犹如我们当前在企业经营的一些主要程序（像订货单的履行和新产品的开发等）当中争取时间一样。

与信息竞争需要一个动态的网络结构。只有动态的网络结构才能充分地促进人类随时随地得到实践结果。只有通过动态的网络结构连接，才能对顾客的同一类问题做出迅速反应，尽管文献中提供了许多公司向网络组织结构变化的例子，但这种新的组织形式还具有更加广阔的前景。

二、改变知识型工作组织形式

几乎所有的企业里，企业程序的重新构建都属于一个非常时髦的事情。咨询公司和企业内部负责重建任务的机构都在订单的履行、生产、新产品设计和新企业发展等企业程序方面寻求着根本性的改进。尽管我们从中得到了许多益处，但是这些方面的改进行为并不能自动产生形成网络组织所必需的信息基础结构。虽然重新构建意味着组织的信息系统要发生变化，然而组织的其他几大支柱，如企业生产过程、组织结构、奖励制度、文化传统和测量体系等，也要发生相应的改变，而且通常不只是一个或两个方面的改变。下面我们先谈谈重建活动本身，然后思考超出目前大多数重建活动范围的信息处理的解决方法。

1. 企业经营程序的重新构建

就企业经营程序的本质来说，重建是一个过程。关于过程的定义有以下几种：

（1）"跨越时间和空间、具有开始和结束、而且具有确定的输入和输出的一个特殊序列的活动"。

（2）"一个组织借以完成为它的客户创造价值所必需的活动的结构"。

（3）"安排到一起的、对一个客户创造一种价值结果的一系列活动"。

不管这些定义是否明确地说明了过程这个概念，企业程序的重新构建假定程序是可以重复的，而且由具有充分连贯性的要素组成（譬如"确定的输入和输出"），以说明开发一个标准程序的意义。不管是公司内部的还是公司外部的客户，对企业经营程序的重新设计有着举足轻重的作用。因为这些程序的重新设计要贯穿不同职能区的界限，跨越组织图上的空白区域，而且常常根植于组织的文化和权力结构之中。再者，作为参与企业重建重要因素的中层管理者，经常发现从前很有价值的管理行为和管理技能在今天已经不再有效了。

实际上，重建本身处于充满了下述种种矛盾之中：

·重建的最大潜力存在于大组织中，但是大组织的环境通常最不利于创新的产生。

·重建的最大成果是交叉职能区域的出现，但是跨越职能界限的努力最可能受到那些保护自己局部利益的各职能区管理者的障碍。

·重建试图一次改变许多方面，包括工作程序、技能、作用、组织结构、公司的价值观和管理体制等，但是这些方面同时发生变化会导致组织的混乱和本身的危机。

·员工的参与是为了增强他们对企业的联系，但是当员工们开始明白变化给他们带来的影响时，可能反而造成他们与企业的疏远。

·企业经营者被要求裁减人员的规模，但是基于民意调查和现行的补偿方案抑制了他们参与的积极性。

·重建倾向于鼓励大规模的计划，但是由于美国公司普遍追求短期效益，大型计划最容易流于空谈。

·重建必须打破旧的规则，但是在官僚体制背景下，需要为打破规则的实践制定规范。

·自动化技术被视为新秩序的催化剂，但却通常为巩固旧的企业程序而效力。

这些矛盾使重新构建的计划本身成了一个具有很大风险性的事业。它们也说明了企业的重建尽管是经营咨询服务的一个流行的载体，但它既不是一剂灵丹妙药也不是一枚银弹。

重新构建的计划必须具有高收益，才能补偿其高风险所带来的潜在损失。为了实现这种收益，企业重建者要重新审查构成现有企业程序的前提。"脱离框架"的跳跃型思维是这些重建者们必须具备的本领。

要理解目前的企业程序和客户的未满足需求，必须具备分析的技巧。针对重新设计过程所包含的大量创造性，经验规则可以充当放大镜，帮助我们分析这些新机遇：

·根据结果而不是任务来组织

大型公司将特定的一部分顾客分配给一个客户服务小组，授权给它们来满足客户的大部分需要。

·让用户参与完成企业程序

联邦快递（FederalExpress）在25000多个客户站点上建立了Powership工作站来打印标签和跟踪包裹。FedExOnline是办公大楼和购物街里的一个电子投递箱的网络，它更进一步减少了对打电话和分配邮递员收集包裹的需求。这个系统也使包裹上的标签标准化以使业务中心的条形码扫描仪能够更加迅速准确地将包裹分类。

·对待那些在地理上分散的资源就当它们集中在一起那样

奥的斯电梯就采用一个装备了一个高级的数据库的中央调度部门，它取代了分布在各地的应答服务机构。

·平行地而不是顺次地展开活动

美国的航空及化工公司和欧洲总部的工程师们用相同的 CAD/CAM 工具和共享的数据库同时从事相同的设计工作。

·消除没有价值增值的活动

像编辑、走路、检查和库存等等。福特汽车公司重新构建了一个零件分配仓库，目的是让零件能自动来到工人身边而不是工人走过去找零件。操作者坐在三个圆盘传送带中间，工人按软件提示的顺序旋转，通过圆盘传送带上方的显示屏确定出所需要的零件后，工人把零件从传送带上取下来。

上面的这些例子展示了信息技术给我们提供了强大的手段，以刺激各种重建机遇出现。瞬时的全球性共享数据库的使用，专家决策过程的获取和模拟，一种海量存储器的开发，和基于用户、组织或者顾客需求实现的商品交易个性化的能力都是可为我们利用的机遇。客户的配合可以使企业利用信息技术在产品的购买、使用和报废过程之中增加价值，从而带来极其丰厚的盈利机会。

企业经营程序的重新构建适用于能够被确定出来的重要的、可重复的程序。目前，重新构建往往局限在客户服务、后勤、财政和生产这些方面。然而，当来自各方面的团队汇集在一起，在同一时间基础上研究一个重要的、崭新的商业机会的时候，必须以一些特殊的、临时性的企业解决方案对标准化的企业程序进行补充。网络化组织需要通过各种手段使知识工作者彼此联结起来，并且使他们和组织存储器连接起来。

2. 与信息竞争的障碍

网络信息技术的进步加速了现行管理模式的变革。这些管理模式已经开始从各方面发生转变。

（1）从大规模生产改变为大规模定制。

（2）从国内的和多国的管理改变为区域的和跨国的管理。

（3）从管理货币改变为管理时间和信息。

（4）从自治改变为统一。

（5）从等级结构改变为网络和市场结构。

（6）从重组改变为重建。

管理模式上的这些转变将带来极其艰巨的挑战。为了迎接这一挑战，传统公司需要进行全面改革。改革过程中，组织主要会遇到四大困难，对许多组织来说，它们将成为企业改革的不可逾越的障碍。这些障碍就是那些在今天的企业重建活动中通常被忽视或者很少涉及的领域。第一障碍与组织的传统有关。在许多情况中，传统的作用相当大，以至于仅仅一个"开展新空间"的方法就可以为创建新组织提供另外一种选择。第二个障碍涉及信息技术。我们已经强调了信息网络技术，对于以信息为基础的竞争和新的企业程序设计而言既是驱动器又是使之实现的重建者。第三个障碍是保证信息的自由流动。也就是说，既可以让每一个人获得信息，又使信息在价格上展开竞争。第四个障碍是从社会学角度来看新技术对工作和家庭生活的基本影响。

· 组织的传统

科学模式的改变往往受到旧模式支持者们的顽固阻挠。这并不让人感到奇怪，因为接受新的模式通常意味着对以前的研究成果和技能的价值提出疑问，有时甚至是直接否定它们的意义，由此导致前人从事的大部分工作变为无效。在这种情况下，变革的驱动力也许要来自于机构外部。而且，网络组织更多地依赖于结构的灵活性，而不是规模经济。此外，为组织提供无核心的竞争力的外部激励因素的大量利用，揭示出未来的组织将比今天的规模要小得多。或者说，组织将以一系列小型的、常常竞争但又合作的企业单元的形式来运作。

许多组织失败的另一个原因是关于信息网络技术的传统决策思想。在竞争力建立在信息基础的时代里，由对信息技术一无所知的高级行政人员所掌控的组织正面临着破产的危险。这些行政管理者往往把信息网络技术看作为一种企业操作的技能，而不是具有战略意义的资产，因而也就不会在信息网络技术的技能方面培育公司的竞争力。实际上，通过各种外购协议，许多行政人员正在努力摆脱对整个企业的责任。他们是否为得到短期的利益而牺牲公司的前途还有待观察。

一个组织只有当发现它自身正处于灭亡的时候，它才会情愿遗忘过去的成功规则，摒弃多年发展起来的管理传统并接纳新的管理思想。而那时也许已经太晚了。

· 信息技术的局限

尽管世界通信产业取得了令人瞩目的发展，许多技术问题还依然存在。最明显的问题也许是网络信息技术仍然主要用于处理客观的、真实的信息。而在捕捉并有效地处理感情的或者主观的信息，如直觉、信念、悟性、预感等方面，信息网络技术取得的进展甚微。此外，我们仍然在遭受着"技术岛"对我们生活的侵袭。尽管我们已经朝着开放的布局设计方向前进着，但离目标的实现仍然还有一段漫长的路程。而且，由于我们对来自组织外部的信息产生了依赖性，一系列新的"信息岛"将露出海面。

软件和计算机体系结构常常是一个过时的传统，在这个传统的背后，软件和计算机产业缓慢地前进，进一步地又阻碍着进步。常见的是，基于大型计算机系统的用户偶然碰到一组无法辨识的错误信息，而这一错误信息可能是深深地潜藏在 DOS 时代的操作系统内核中。现代的图形用户界面常常掩盖了操作系统和应用程序本身的缺陷；再加上计算机操作系统不断大型化、复杂化，一旦出现错误或者是想给自己的系统添加某些新的特性，就不得不求助于那些计算机专家。遗憾的是，这些年轻的计算机专家们的"护理"方法尚有很大的改进余地。他们的训练、兴趣和天性通常倾向于对技术本身的狂热而不是本着同情、理解、耐心和一种"使顾客愉快"的态度来满足顾客的需求。而且，他们通常只精于一个领域。如果他们掌握了工作站和局域网技术，那么，他们对于公共数据所在大型机出现的问题可能就会束手无策。

此外，虽然网络成员之间的远距离实时相互联系给我们带来了巨大的利益。但仍存在着时差和网络带宽不足等多方面的不利因素，使得网络联系仍然和人们亲身接触的感受大不相同。

·一个信息的市场

网络组织假定信息是自由流动的。有些人想象未来的信息商店就像公共图书馆一样，其中的商品是公共使用的，对大众而言没有花费或花费甚小。当然，图书馆仅仅是图书和杂志出版商的一个发售渠道。如果图书存在着其他的创造收入的渠道的话，比如大众喜爱的小说类作品，那么图书馆、纳税人和图书作者的损失将会相当的小。但是，不可能想象一个出版商和一个作者会情愿以今天书店里的价格卖给某地（比如说图书馆）一本书，而这本书随后就被每一个家庭免费阅读。同样不可能的是，国家图书馆愿意以出版商和作者所损失的收入的价格买这本书，然后再把这本书让大众免费阅读。但是，驱动着我们经济发展的恰恰是以这种方式分配的知识型产品和服务。尽管这些产品和服务将以极低的成本瞬间分配到世界上的每个角落，但它们的生产商仍将需要回报。假定在非垄断性的分配渠道和大规模市场的作用下，价格也许会很低，但是这些产品绝不会免费。当然，也会发生以相互交流的服务形式代替信息付费的特殊情况。

网上定价方案必须随着信息和知识这个新生的市场的完善逐渐发展起来。今天，在线信息通常是根据连接时间的长短按一个统一的固定比率收费，或者根据你下载的次数多少收费。未来的定价方案可能需要考虑信息的年代、给潜在的用户增加的价值、信息源的流行性或可靠性，甚至还要包括其他已经发现或者使用这些信息的用户的数量。由于信息可以简单地复制、存储和传输，所以需要完善的保护措施来保护知识资源的价值。因而，就像在电子银行业所显示的那样，个人创造的巨大财富将会涌现出来，因为这些人发明了对信息资源定价、收费和保护的新的技术手段。

·个人自由

现代计算机和通信技术、个人无线移动电话、国家安全系统、窃听监视器和医用报警器装置等技术可以给我们提供一种更安全的环境和更大的人身自由。

但是这里描述的种种网络组织也具有限制个人自由和隐私的潜在威胁。展望未来，英特尔公司的总裁安德鲁·格鲁夫（AndrewGrove）预测说："我们都有可能劳累死，因为无处不在的计算机意味着我们的工作将时刻伴随我们。而且，我们的竞争对手也是在一直不停地工作。"但是这不仅仅是刺激我们延长工作时间的竞争压力。4 个装配工人每天工作 3 个小时从本质上说相当于 3 个工人每天工作 4 小时的工作量。但对于知识工人来说这个等式却不成立了，因为知识工人之间相互联系和学习摸索的过程往往需要花费大量时间，而一旦形成固定联系后的生产时间将大为缩短，这使得组织往往倾向于使用人数较少的工作组发挥作用，而让他们工作较长时间。将来，由于工作通常都是很有趣味的，而且占用的是个人在家里多余的休闲时间，所以，对工人的过度占用也许只有对于真正的牺牲者——工人的家庭——才能真正了解到。

许多人预见网络组织是企业在未来企业取得成功的关键。我们期望这种崭新的组织形式能充分地利用计算机和通信技术的发展，在更大的程度上提供个性化服务、扩展企业的全球经营范围，并且满足越来越快的产品和工艺创新的需要。这种组织形式，或者说它的种种变体，将取代传统的职能、部门以及矩阵式组织形式。这些组织结构在处理日渐增长的不确定性和利用高带宽、即时信息系统方面将显得无能为力。

网络组织的关键是不断生产和传播把信息和人类实践经验结合在一起的知识。使得企业可以从外部获得必要的信息和实践经验。各个组织将努力发展以知识为基础的核心竞争力，并且依赖于其他组织所提供的辅助型知识和服务。实践经验和信息的购买与销售将取代物质商品的买卖而成为发达国家的经济基础。全球性和低成本的分配系统可以使知识为更多的潜在客户获得和使用，从而使得知识扩散所需时间降低，并显著地减少每一个人的开支。

第五章　人力资源管理的概念以及现状

第一节　人力资源

一、人力资源的基本概念

（一）人力资源的含义

按《辞海》的解释，资源是指"资财的来源"。从经济学角度看，资源是指为了创造财富而投入生产活动中的一切要素，并把资源划分为自然资源、资本资源、信息资源、人力资源和间接资源五大类。在人类经济活动的不同阶段，资源的重要性各不相同。在农业社会，人类的生产活动围绕土地进行，经济分配以土地的占有量为基础，劳动者的体力消耗和以土地为代表的自然资源的消耗促成了经济的发展；在工业社会，人们开始以使用机器的资源开采和制造业为中心的生产经营方式，自然资源和资本资源成为推动经济发展的最主要因素；在信息时代和知识经济背景下，以知识为基础的产业上升为社会的主导产业，经济社会的发展依赖于信息的获取和知识的创造，信息资源和人力资源成为经济发展的重要推动因素。在当今竞争激烈的社会里，人力资源无疑成为推动社会经济发展的重要资源。

在学术上，"人力资源"最早是由美国著名的管理学家彼得·德鲁克于1954年在其著名的《管理实践》一书中提出来的。在该著作中，德鲁克引入了"人力资源"的概念，并且指出人力资源与其他所有资源相比，最重要的区别就是主体是人，并且是管理者必须考虑的具有"特殊资产"的资源，也是最末有效使用的资源。

在国内，许多专家和学者对于人力资源也给出了明确的定义。如郑绍濂认为，人力资源是"能够推动整个经济和社会发展的、具有智力劳动和体力劳动能力的人们的总和"。

我们认为，人力资源是指从事组织特定工作活动所需的并能被组织所利用的所有体力和脑力劳动的总和。它既包括现实的人力资源，即现在就可以使用的、由劳动适龄人口中除因病残而永久丧失劳动能力外的绝大多数适龄劳动人口和老年人口中具有一定劳动能力的人口构成的人力资源；也包括潜在的人力资源，即现在还不能使用但未来可使用的、主要由未成年人口组成的人力资源。

人力资源质量表现为以下几方面：①体力，即劳动力的身体素质，包括健康状况、营养状况以及耐力、力量、敏捷性等体能素质；②智力，即劳动力的智力素质，包括智力、记忆力、理解力、判断力、想象力及逻辑思维能力等；③知识技能，即劳动者的文化知识素质，它以教育程度、技能水平等来衡量；④劳动态度，即劳动者的劳动价值观及职业道德，如劳动动机、劳动态度、劳动责任心等。

人力资源数量和质量是密切相关的两个方面，一个国家和地区的人力资源丰富程度不仅要用数量来计量，而且要用质量来评价。对一个企业而言，人力资源的数量是基础，质量是关键。企业需要在人力资源规模上谋求一定的规模效益，但在规模达到一定程度之后要把着力点迅速转移到提高人力资源的质量上来。尤其在当今知识经济背景下，人力资源的质量远比数量重要。人力资源的质量对于数量有较强的替代性，而数量对于质量的替代作用则较弱，有时甚至无法替代。

相比于世界上其他国家，我国拥有庞大的人力资源数量，但在质量上还有待提高。随着信息时代和知识经济的到来，社会经济的发展对于人力资源的质量提出了更高的要求。我国应当加大对教育的投入，不断提高国民的基本素质和知识技能水平，以应对国际竞争与挑战。

二、人力资源与其他相关概念的关系

人力资源概念与人口资源、劳动力资源和人才资源等概念相关。

人口资源，是指一个国家或地区的人口总体，是其他有关人的资源的基础，表现为一个数量概念。

劳动力资源，是指一个国家或地区具有劳动能力并在劳动年龄范围内的人口总和，即人口资源中拥有劳动能力并在法定劳动年龄段的那一部分。

人才资源，是指一个国家或地区中具有较强的专业技术能力、创造能力、管理能力和研究能力的人的总称，它是人力资源中的高端人群。

相比之下，人力资源强调人们所具有的劳动能力，它超过了劳动力的资源范围，涵盖了全部人口中所有具有劳动力的人口，包括现实的和潜在的劳动力资源。

人口资源、人力资源、劳动力资源和人才资源四者之间存在包含关系和数量基础关系，人口资源和劳动力资源侧重人的数量和劳动者数量。人才资源突出人口的质量，而人力资源强调人口数量和质量的统一。

三、人力资源的基本特征

由于人本身所具有的生物性、能动性、智力性和社会性，决定了人力资源具有以下基本特征：

（一）人力资源的能动性

人力资源的首要特征是能动性，是与其他一切资源最本质的区别。一切经济活动首先都是人的活动，由人的活动才引发、控制、带动了其他资源的活动。自然资源、物质资源及人力资源等在被开发的过程中完全处于被动的地位，而人力资源的开发与利用，是通过拥有者自身的活动来完成的，具有能动性。这种能动性主要表现在人们的自我强化、选择职业和劳动的积极性等方面。人的自我强化，是指人通过学习能够提高自身的素质和能力，可以通过努力学习、锻炼身体等自身积极行为，使自己获得更高的劳动能力。人力资源通过市场来调节，选择职业是人力资源主动与其他资源结合的过程。积极劳动或劳动积极性的发挥是人力资源发挥潜能的决定性因素。因此，开发和管理人力资源不仅要关注数量、质量等外特性问题，也要重视如何调动人的主观能动性，发挥人的劳动积极性问题。

（二）人力资源的再生性

经济资源分为可再生性资源和非再生性资源两大类。非再生性资源最典型的是矿藏如煤矿、金矿、铁矿、石油等，每开发和使用一批，其总量就减少一批，绝不能凭借自身的机制加以恢复。另一些资源，如森林，在开发和使用过后，只要保持必要的条件，可以再生，能够保持资源一定的数量。人力资源也具有再生性，它基于人口的再生产和劳动力的再生产，通过人口总体内个体的不断更替和"劳动力耗费—劳动力生产—劳动力再次耗费—劳动力再次生产"的过程得以实现。同时，人的知识与技能陈旧、老化也可以通过培训和再学习等手段得到更新。当然，人力资源的再生性不同于一般生物资源的再生性，除了遵守一般生物学规律之外，它还受人类意识的支配和人类活动的影响。从这个意义上来说，人力资源要实现自我补偿、自我更新、持续开发，就要求人力资源的开发与管理注重终身教育，加强后期的培训与开发。

（三）人力资源的角色两重性

人力资源既是投资的结果，又能创造财富；或者说，它既是生产者，又是消费者，具有角色两重性。人力资源的投资来源于个人和社会两个方面，包括教育培训、卫生健康等。人力资源质量的高低，完全取决于投资的程度。人力资源投资是一种消费行为，并且这种消费行为是必需的，先于人力资本的收益。研究证明，人力资源的投资具有高增值性，无论从社会还是从个人角度看，都远远大于对其他资源投资所产生的收益。

（四）人力资源的社会性

人处在一定的社会之中，人力资源的形成、配置、利用、开发是通过社会分工来完成的，是以社会的存在为前提条件的。人力资源的社会性，主要表现为人与人之间的交往及由此产生的千丝万缕的联系。人力资源开发的核心，在于提高个体的素质，因为每一个个体素质的提高，必将形成高水平的人力资源质量。但是，在现代社会中，在高度社会化大生产的条件下，个体要通过一定的群体来发挥作用，合理的群体组织结构有助于个体的成长及高效地发挥作用，不合理的群体组织结构则会对个体构成压制。群体组织结构在很大程度上又取决于社会环境，社会环境构成了人力资源的大背景，它通过群体组织直接或间接地影响人力资源开发，这就给人力资源管理提出了要求：既要注重人与人、人与团体、人与社会的关系协调，又要注重组织中团队建设的重要性。

第二节　人力资源管理

一、人力资源管理的含义

人力资源管理作为企业的一种职能性管理活动的提出，最早源于工业关系和社会学家怀特·巴克于1958年发表的《人力资源功能》一书。该书首次将人力资源管理作为管理的普遍职能来加以讨论。美国著名的人力资源管理专家雷蒙德·A.诺伊等在其《人力资源管理：赢得竞争优势》一书中提出，"人力资源管理是指影响雇员的行为、态度以及绩效的各种政策、管理实践以及制度"。美国的舒勒等在《管理人力资源》一书中提出，"人力资源管理是采用一系列管理活动来保证对人力资源进行有效的管理，其目的是实现个人、社会和企业的利益"。加里·德斯勒在《人力资源管理》一书中提出，"人力资源管理是为了完成管理工作中涉及人或人事方面的任务所需要掌握的各种概念和技术"。迈克·比尔则提出，"人力资源管理包括会影响公司和雇员之间关系的（人力资源）所有管理决策和行为"。

综上界定，人力资源管理是指根据企业发展战略的要求，有计划地对人力资源进行合理配置，通过对企业中员工的招聘、培训、使用、考核、激励、调整等一系列过程，调动员工的积极性，发挥员工的潜能，为企业创造价值，确保企业战略目标的实现。这些活动主要包括企业人力资源战略的制定、员工的招募与选拔、培训与开发、绩效管理、薪酬管理、员工流动管理、员工关系管理、员工安全与健康管理等。人力资源管理的内涵至少包括以下内容：一是任何形式的人力资源开发与管理都是为了实现一定的目标，如个人家庭投资的预期收益最大化、企业经营效益最大化及社会人力资源配置最优化。二是人力资源管理只有充分有效地运用计划、组织、指挥、协调和控制等现代管理手段才能达到人力资源管理目标。三是人力资源管理主要研究人与人关系的利益调整、个人的利益取舍、人与事的配合、人力资源潜力的开发、工作效率和效益的提高以及实现人力资源管理效益的相关理论、方法、工具和技术。四是人力资源管理不是单一的管理行为，必须将相关管理手段相互配合才能取得理想的效果。

人力资源管理的基本任务是根据企业发展战略要求，吸引、保留、激励与开发企业所需人力资源，促成企业目标实现，从而使企业在市场竞争中得以生存和发展。具体表现为：求才、用才、育才、激才、护才和留才。

二、人力资源管理的功能

人力资源管理是以人为对象的管理，在某种意义和程度上，至少涉及以下五种功能。

获取，根据组织目标，确认组织的工作要求及人数等条件，从而进行规划、招聘、考试、测评、选拔与委派。

整合，通过企业文化、价值观和技能的培训，对已有员工进行有效整合，从而达到动态优化配置的目的，并致力于从事人的潜能的开发活动。

保持，通过一系列薪酬、考核和晋升等管理活动，保持企业员工的稳定和有效工作的积极性以及安全健康的工作环境，增加其满意感，从而使其安心和满意地工作。

评价，对员工工作表现、潜质和工作绩效进行评定和考核，为做出相应的奖惩、升降和去留等决策提供依据。

发展，通过员工培训、工作丰富化、职业生涯规划与开发，促进员工的知识、技能和其他方面素质的提高，使其劳动能力得到增强和发挥，最大限度地实现其个人价值和对企业的贡献，达到员工个人和企业共同发展的目的。

三、人力资源管理的特征

从人力资源管理的含义可以看出，人力资源管理具有以下几个明显的特征。

综合性，人力资源管理是一门综合性的学科，需要考虑种种因素，如经济、政治、文化、组织、心理、生理、民族等。它涉及经济学、系统学、社会学、人类学、心理学、管理学、组织行为学等多种学科。

实践性，人力资源管理的理论，来源于实际生活中对人的管理，是对这些经验的概括和总结，是现代社会化大生产高度发达，市场竞争全球化、白热化的产物。应该从中国实际出发，借鉴发达国家人力资源管理的研究成果，解决我国人力资源管理的实际问题。

民族性，人的行为深受其思想观念和感情的影响，而人的思想观念和感情则受到民族文化的制约。因此，人力资源管理带有鲜明的民族特色。

社会性，作为宏观文化环境的一部分，社会制度是民族文化之外的另一个重要因素。在影响劳动者工作积极性和工作效率的各因素中，生产关系和意识形态是两个重要因素，而它们都与社会制度密切相关。

发展性，任何一种理论的形成都要经历一个漫长的时期，各个学科都不是封闭的、停滞的体系，而是开放的、发展的认识体系。随着其他相关学科的发展及人力资源管理学科本身不断出现新问题、新思想，人力资源管理正进入一个蓬勃发展的时期。

第三节　人力资源管理的渊源和演变

一、人力资源管理的渊源

人力资源管理源于人事管理，而人事管理的起源则可以追溯到非常久远的年代。18 世纪末，瓦特蒸汽机的发明与推广引发了工业革命，改变了以前家族制和手工行会制的生产方式，并出现大量的实行新工厂制度的企业。这些企业在日益激烈的竞争环境中发展壮大，成为 19 世纪初的时代特色。竞争与发展要求这些企业进一步扩大规模，但制约扩大规模的主要"瓶颈"却是企业主们以前从未遇到过的劳工问题。其产生的主要原因在于当时人们不喜欢也不习惯于工厂的劳动方式。工厂工作很单一，每天都得按时上班，接受新的监督制度和按机械速度劳动，以及时时刻刻都要全神贯注等。这导致企业很难找到足够的工人，尤其是技术工人。上述劳动问题的解决措施导致福利人事概念的形成和发展。所谓福利人事，即由企业单方面提供或赞助的，旨在改善企业员工及其家庭成员的工作与生活的系列活动和措施。

同样关注劳工问题的泰勒（Taylor）认为，劳动组织方式和报酬体系是生产率问题的根本所在。他呼吁劳资双方都要进行一次全面的思想革命，以和平代替冲突，以合作代替争论，以齐心协力代替相互对立，以相互信任代替猜疑戒备。他建议劳资双方都将注意力从盈余分配转到盈余增加上，通过盈余增加，使劳资双方不再为如何分配而争吵。为此，泰勒提出了科学管理原则。泰勒的科学管理思想对人事管理概念的产生具有举足轻重的影响。一方面，它引起了人们对人事管理的关注，并推动了人事管理职能的发展。另一方面，科学管理宣扬管理分工，从而为人事管理职能的独立提供了依据和范例。福利人事与科学管理的融合使人们认识到，过去由一线管理人员直接负责招聘、挑选任命、培养、绩效考核、薪酬、奖励等工作的做法，已经不能适应企业组织规模扩大的现实，企业要做好对人的管理这项工作，必须要有相应的专业人士，这为人事管理作为参谋部门而非直线部门的出现奠定了基础。

二、人事管理的演进

早期关于人事管理的论文经常发表在《年报》（The annuals）和《管理杂志》（Engineering Magazine）这两本杂志上。1916 年，《年报》出版专刊讨论了"工业管理中的人事和雇佣问题"。第一本以"人事管理"为书名的教科书出版于1920 年。

20 世纪 30 年代的"霍桑实验"为人事管理的发展开拓了新的方向。霍桑实验证明，员工的生产率不仅受到工作设计和员工报酬的影响，而且受到社会和心理因素的影响。因此，有关工作中人的假设发生了变化，工业社会学、工业关系学、人际关系学和组织行为学等新学科应运而生，推动了人事管理的迅速发展。主要表现在以下几个方面：

工业社会学将企业作为一个社会系统，研究组织化的员工问题，并强调社会相互作用，要求在各个组成部分之间保持平衡。当这一思想被运用于人事管理领域时，员工参与、工会与管理层合作、员工代表计划等便进入了人事管理研究者与实践者的视野。

工业关系学认为，管理层与工人在关于如何分配由先进的技术化社会所创造的盈余上存在必然的矛盾，而这种工业化冲突的解决不在于人际关系，在于克服管理层和有组织的工人之间的利益和意识形态上的冲突，工业化的和谐只有通过集体的讨价还价以及专业的工业关系专家参与才可能实现。因此，工业关系专家登上了人事管理的舞台，化解劳资冲突、集体谈判等又成为人事管理的职责。

人际关系学以管理应该更多地关心人而不是关心生产力为核心观点，强调管理的社会和人际技能而不是技术技能，强调通过团体和社会团结来重建人们的归属感，强调通过工会、参与领导以及将工厂中的正式组织与非正式组织集合起来使权力平均化。沟通成为人事管理的主要任务和必备技能，员工满意度成为衡量人事管理工作的重要标准。

组织行为学是在人际关系学的基础上形成的管理科学中的一门学科。它着眼于一定组织中的行为研究，重视人际关系、人的需要、人的作用和人力资源的开发利用。这一学科的出现对管理科学的发展产生了重要的影响，使其由以"事"与"物"为中心的管理发展到以"人"为中心的管理；由靠监督与纪律的管理发展到动机激发、行为引导的管理；由独裁式管理发展到参与式管理。它的应用成果得到了普遍的重视。进入20世纪六七十年代，西方涉及人事和工作场所的相关立法急剧增加，并且立法的关注点也从工会与管理层间的问题转向了员工关系。随着各项法律的出台，企业很快意识到，卷入与员工或雇佣有关的司法诉讼的花费巨大。于是，大量的律师走进了人事部，以规范直线经理管理行为的合法性，尽可能地为企业避免司法诉讼，承担起直接处理有关司法诉讼等人事管理的新职能。

20世纪80年代是组织持续而快速变革的时代，杠杆收购、兼并、剥离等事件层出不穷，人事管理也进入了企业更高的层次，从关注员工道德、工作满意度转变为关注组织的有效性。高级的人事主管开始参与、讨论有关企业未来发展方向、战略目标等问题，工作生活质量、工作团队组织、组织文化等成为人事管理的重要内容。

三、人力资源管理的发展与成熟

（一）西方人力资源管理的发展历史

西方学者对人力资源管理的发展阶段进行了深入的研究，提出了各自的观点。典型的理论包括六阶段论、五阶段论、三阶段论和二阶段论，它们从不同的角度揭示了人力资源管理渐进发展的历史。

1. 六阶段论

以美国华盛顿大学的弗伦奇（W.L.French）为代表，从管理的历史背景出发，将人力资源管理的发展划分为六个阶段。

第一阶段：科学管理运动阶段。

这一阶段以泰勒（Taylor）和吉尔布雷斯（Gilbreth）夫妇为代表，关注重点主要是工作分析、人员选拔、培训和报酬方案的制订以及管理者职责的划分。

第二阶段：工业福利运动阶段。

在此阶段，企业出现了福利部，设有社会秘书或福利秘书专门负责员工福利方案的制订和实施，员工的待遇和报酬问题成为管理者关心的重要问题。

第三阶段：早期工业心理学阶段。

这一阶段以心理学家雨果·芒斯特伯格（Hugo Munsterberg）等人为代表的心理学家的研究成果，推动了人事管理工作的科学化进程出。个人心理特点与工作绩效关系的研究、人员选拔预测效度的提出，使人事管理开始步入科学化的轨道。

第四阶段：人际关系运动阶段。

这一阶段的代表是梅奥 (George Elton Mayo) 等人，由他们发起的以"霍桑实验"为起源的人际关系运动掀起了整个管理学界的革命，也影响了人力资源管理。人力资源管理开始由以工作为中心转变为以人为中心，把人和组织看成社会系统。此阶段强调组织要理解员工的需要，这样才能让员工满意并提高生产效率。20世纪三四十年代，美国企业管理界流行着一种"爱畜理论"，在爱畜牛奶公司的广告中说爱畜来自愉快的奶牛，因此品质优良。研究人员认为愉快的员工的生产效率会比较高，于是公司用郊游和员工餐厅等办法来试图改善员工的社会环境，提高士气，从而提高生产效率。实际上，这一理论夸大了员工情感和士气对生产效率的影响，最终实践表明，良好的人际关系可以提高生产效率的理念并不可靠。

第五阶段：劳工运动阶段。

雇佣者与被雇佣者的关系一直是人力资源管理的重要内容之一，从 1842 年美国马萨诸塞州最高法院对劳工争议案的判决开始，美国的工会运动快速发展。1869 年就形成了全国的网络，1886 年美国劳工联合会成立。大萧条时期，工会也处于低潮，到 1835 年美国劳工法案，即瓦格纳法案（Wagner Act）的颁布，工会才重新兴盛起来。罢工现象此起彼伏，缩短工时、提高待遇的呼声越来越高，出现了集体谈判。到 20 世纪六七十年代，美国联邦政府和州政府连续颁布了一系列关于劳动和工人权利的法案，促进了劳工运动的发展，人力资源管理成为法律敏感行业。对工人权益的重视，成为组织内部人力资源管理的首要任务。

第六阶段：行为科学与组织理论时代。

进入 20 世纪 80 年代，组织管理的特点发生了变化，人的管理成为主要任务。从单个的人到组织，把个人放在组织中进行管理，强调文化和团队的作用，这成为人力资源管理的新特征。

2. 五阶段论

以罗兰（K.M.Rowland）和菲利斯（G.R.Ferris）为代表的学者则从管理发展的历史角度将人力资源管理的发展划分为五个阶段。

第一阶段：工业革命时代。

第二阶段：科学管理时代。

第三阶段：工业心理时代。

第四阶段：人际关系时代。

第五阶段：工作生活质量时代。

五阶段论中关于前四个阶段的划分与六阶段论是一样的。此观点的独特之处，是把工作生活质量作为一个独立的阶段提出来。工作生活质量一般有两种含义，一种是指一系列客观的组织条件及其实践，包括工作的多样化、工作的民主性、员工参与、工作的安全性等；另一种是指员工工作后产生的安全感、满意程度以及自身的成就感和发展感。第一种含义主要强调工作的客观状态；第二种含义主要强调员工的主观需要。将这两种含义结合起来，工作生活质量是指员工在工作中所产生的生理和心理健康的感觉。美国的一项调查研究表明，在辞职的打字员中，有60%是由于工作枯燥无聊，而不是因为工作任务繁重而辞职的。影响工作生活质量的因素有很多，为了提高员工的工作生活质量，企业可以采取一系列措施。

3. 三阶段论

这种观点的代表是福姆布龙（Fombrun）、蒂奇（Tichy）和德兰纳（Deanna），他们从人力资源管理所扮演的角色和所起的作用这一角度把人力资源管理的发展划分为三个阶段。

第一阶段：操作性角色阶段。在此阶段，人力资源管理的内容主要是一些简单的事务性工作，在管理中发挥的作用并不是很明显。

第二阶段：管理性角色阶段。人力资源管理在这一阶段开始成为企业职能管理的一部分，承担着相对独立的管理任务和职责。

第三阶段：战略性角色阶段。随着竞争的加剧，人力资源在企业中的作用越来越重要，人力资源管理开始被纳入企业的战略层次，要求从企业战略的角度来思考人力资源管理的相关问题。

4. 二阶段论

国内学者从人事管理和现代人力资源管理之间的差异性角度，将人力资源管理的发展历史划分为人事管理和人力资源管理两个阶段。

第一阶段：人事管理阶段。人事管理阶段又可具体分为以下几个阶段：科学管理阶段；霍桑实验和人际关系运动阶段；组织行为学理论的早期发展阶段。

第二阶段：人力资源管理阶段。人力资源管理是作为替代传统的人事管理的概念提出来的，它重在将人看作组织中一种重要资源来探讨如何对人力资源进行管理和控制，以提高人力资源的生产效率，帮助组织实现目标。人力资源管理阶段又可分为人力资源管理的提出和人力资源管理的发展两个阶段。对人力资源管理的发展阶段进行划分，目的并不在于这些阶段本身，而是要借助于这些阶段来把握人力资源管理整个发展脉络，从而更加深入地理解它。因此，对于阶段的划分并没有绝对的标准和绝对的对错。

（二）我国人力资源管理的发展历史

自中华人民共和国成立以来，我国企业管理发展经历了计划经济、经济改革两大发展阶段。人力资源管理的发展是从单一计划体制下的人事管理到目前多种所有制并存的人力资源管理，可以分为四个发展阶段。

1. 人事管理阶段

中华人民共和国成立以后，我国确定了计划经济的经济体制。与经济体制相适应，实行"统包统配"的就业制度，企业没有用人的自主权，不能自行招聘所需的人员；人员只进不出，没有形成正常的退出机制；在企业内部，对员工没有考核，大家干好干坏都一样，干多干少都一样；工资分配中存在严重的平均主义，与工作业绩和工作岗位没有任何关系。在此阶段，人事管理的主要内容是一些流程性的事务性工作，如员工人事档案管理、招工录用、劳动纪律、考勤、职称评定、离职退休、计发工资等。全业人事部完全服务于国家的政策，负责国家有关政策的落实完成。内部听命于厂长或经理，外部听命于政策部门，工作技术含量很低。人事主管充其量是一个高级办事员的论断由此得来。

2. 人力资源管理阶段

自党的十一届三中全会尤其是改革开放以来，随着我国经济体制改革的不断改革深化，国有企业的劳动人事工作也在不断进步。1979 年，国务院颁发了《关于扩大国营工业企业经营自主权的若干规定》（以下简称《规定》），重新规定了企业人事管理的职责权限范围。《规定》指出，允许企业根据生产需要和精简效能的原则决定自己的机构设置和人员配备；企业有权根据国家下达的劳动指标进行招工，进行岗前培训；企业有权对成绩优异、贡献突出的职工给予奖励；企业有权对严重违反劳动纪律的职工给予处分，甚至辞退。随着这些规定的落实，企业在用人方面有了更大的权限，正常的人员进出渠道逐渐形成；劳动人事管理制度逐渐完善，劳动定额管理、定员定编管理、技术职称评聘、岗位责任制等在企业中广泛推广；工资管理规范化，打破了分配的平均主义，增强了工资的激励作用。所有这些都表明，我国企业的人力资源管理工作发生了巨大的变化，已经初步具备了人力资源管理的某些功能和作用。

3. 人力资本阶段

在管理理念上将员工看成资本，认为进入企业的人力已经是资本，不再是资源；在发展观上，完成了以物为本向以人为本的转变。此阶段的人力资源管理，从追求数量转到追求质量。人力资源管理工作的重心转移到员工的绩效管理、建立现代薪酬体系、营造良好的工作氛围和优秀的企业文化环境等方面，并开始考虑整合企业人力资源。通过工作分析和人才盘点，更加合理地配置企业人力资源；通过加大培训力度，提高员工的工作技能和绩效能力；通过改革和优化薪酬体系，使之更有激励性，提高人力资本的"投资收益"比率。人力资源经理秉持人力资本理念，在企业里倡导和培养重视人才、开发人才、有效配置人才、激励人才的观念，带动整个企业人才观的转变，自身也向人力资源专家的方向迈进。

4. 战略人力资源管理阶段

随着知识经济和全球化时代的到来、经营环境不确定性的加强，以及企业竞争的加剧，人才的作用越来越重要，企业对人才的争夺战也愈演愈烈，人才成为企业竞争的核心，也成为企业核心竞争力的来源。在此条件下，企业人力资源管理就需要与企业战略密切结合，更好地服务于企业战略的实现。基于此，人力资源经理进入了企业的决策层，以专家顾问和战略合作伙伴的身份出现，参与决策，推动变革，使人力资源管理上升到战略人力资源管理阶段。

（三）人力资源管理的未来趋势

21世纪人类社会进入有史以来科技、经济和社会最快速发展的时期。高新技术迅猛发展，信息网络快速普及，对于所有的国家、民族和企业来说，既是一次难得的机遇，更是一场严峻的挑战，知识经济将改变每一个现代人的观念和意识。

1. 人力资源管理的地位日趋重要

现代企业经营战略的实质，就是在特定的环境下，为实现预定的目标而有效运用包括人力资源在内的各种资源的策略。有效的人力资源管理，将促进员工积极参与企业经营目标和战略，并把它们与个人目标结合起来，达到企业与员工"双赢"的状态。因此，人力资源管理将成为企业战略规划及战略管理不可分割的组成部分，而不再只是战略规划的执行过程，人力资源管理的战略性更加明显。

2. 人力资源管理的全球化与跨文化管理

组织的全球化，必然要求人力资源管理策略的全球化、人才流动的国际化，也就是说，企业要以全球的视野来选拔人才、看待人才的流动。尤其是加入WTO后，我国所面对的是人才流动的国际化以及无国界；经济全球化、组织的全球化必然带来管理上的文化差异和文化管理问题，跨文化的人力资源管理已成为人力资源领域的热点问题，跨文化培训是解决这一问题的主要工具。

3. 动态化人力资源管理平台得到长足发展

随着全球化、信息化尤其是网络化的发展，动态化网络人力资源管理已经出现并将成为未来人力资源管理的重要发展趋势。随着动态学习组织的发展，通过互联网来进行的组织职业开发活动将越来越多，大量的人力资源管理业务，如网络引智与网络招聘、网络员工培训、网络劳动关系管理等将会越来越成为现实。网络化人力资源管理的开展，必将在管理思想、管理职能、管理流程及管理模式上对传统人力资源管理产生重大影响，使人力资源管理面临日趋激烈的环境变化，人力资源管理的空间被极大拓展，人力资源管理的网络化竞争变得日趋激烈，人力资源管理的途径、方法和策略也随之进行必要的变革。

4. 员工客户化的趋势

员工客户化的关键是员工角色的变化，即员工不再是传统意义上的被管理对象，他们可能变成组织的重要客户。人力资源管理部经理也可能随之转变为"客户经理"，即为员工提供他们所需的各类服务，如具体而详尽地向员工说明组织的人力资源产品和服务方案，努力使员工接受组织的人力资源产品和服务。人力资源管理者要为员工提供富有竞争力的薪酬回报和多元化的价值分享体系，并且要给员工更大的自主选择权，使员工自主性工作，满足员工参与管理的主体意识。在管理措施方面，要为员工的发展和成长提供更多的支持和帮助。

5. 人力资源管理业务的外包和派遣

人力资源管理业务外包是指把原来由组织内部人力资源承担的基本职能，通过招标方，签约付费委托给市场上专门从事相关服务的组织。在经济全球化的冲击下，组织出于降低成本、希望获得专家的高级服务、获得更为广泛的信息以及促进组织人力资源管理的提升等目的，将人力资源管理业务进行外包。目前，人力资源管理业务外包仍处于动态的发展过程中，并呈现以下发展趋势：一是人力资源管理业务外包领域不断扩展，从单项业务的外包发展到多项业务的外包；二是组织聘请专家顾问提供人力资源管理业务外包服务，提高了外包业务的专业水平；三是外包服务商、咨询公司逐步结成业务联盟，并力图垄断高级人力资源管理的外包业务；四是以人力资源管理业务外包强化组织竞争优势，并促进外包业务朝着全球化方向发展。

人力资源管理业务派遣又称为人力资源租赁，是指由人力资源服务机构向某些需要相关服务的组织提供需要的人力资源管理业务，尤其是急需的各类人才及人力资源管理服务等。人力资源管理业务派遣是与人力资源管理业务外包密切相关的一种发展趋势。如果说"业务外包"是一种主动需求人力资源管理服务的市场活动，那么"业务派遣"则是一种主动提供人力资源管理服务的市场活动，外包与派遣具有对象的互补关系。

目前，人力资源管理业务派遣存在如何在政策、法律和制度层面进行规范管理，加强派遣机构人员的专业化建设，提升派遣服务人员的素质，建立派遣认证体系，规范收费标准，协调人力资源管理业务外包机构与派遣机构之间关系等诸多问题。

第四节　现代人力资源管理与传统人事管理

传统人事管理指的是对人事关系的管理，一般是指人事部门作为组织内的职能部门所从事的日常事务性工作。人事管理过程包括"进、管、出"三个环节。人的调进调出被认为是传统人事管理的中心内容。

现代人力资源管理是指为了完成组织管理工作和总体目标，对人力资源的取得、开发、利用和保持等方面进行管理，以影响员工态度、行为和绩效，充分发挥人的潜能，提高工作效率，使人力、物力保持最佳比例，主要工作内容就是吸引、保留、激励和开发组织所需要的人力资源。

一、人事管理和人力资源管理的相同点

现代的人力资源管理是从人事管理发展而来的，两者之间有着一些相同之处。

1. 管理对象相同。两者都是对人的管理，具体来说是对人与人、人与事关系的管理。

2. 管理目的相同。两者都以组织目标的实现为目的，力求实现人、财、物的最佳配合。

3. 管理的某些内容相同。两者都涉及招聘录用、培训考勤、职务升降、考核奖惩、绩效管理、工资福利、档案管理、劳动关系和劳动合同等方面的管理。

4. 管理的某些方法相同。两者在管理的过程中都会涉及制度、纪律、奖惩、培训等具体方法。

二、传统人事管理与人力资源管理的区别

现代的人力资源管理与传统人事管理在多个方面有所不同，主要体现在以下几个方面。

1. 管理理念不同。传统的人事管理视人力为成本，同时人事部门属于非生产和非效益部门，不讲投入产出，成本意识淡薄。人力资源管理认为，人力资源是一切资源中最宝贵的资源，经过开发的人力资源可以升值增值，能给组织带来巨大的利润。人力资源管理部门则逐步变为生产部门和效益部门，讲究投入和产出，生产的产品就是合格的人才、人与事的匹配，追求的效益包括人才效益、经济效益和社会效益的统一，还包括近期效益和远期效益的统一。

2. 管理内容不同。传统的人事管理以事为中心，主要工作就是管理档案、人员调配、职务职称变动、工资调整等具体的事务性工作。即从事"发发工资，写写材料（档案、内勤、统计），调调配配，进进出出（员工招聘、补缺、离退休）"的日常工作。人力资源管理则以人为中心，将人作为一种重要资源加以开发、利

用和管理，重点是开发人的潜能、激发人的活力，使员工能积极、主动、创造性地开展工作。

3. 管理方式不同。传统的人事管理主要采取制度控制和物质刺激手段。人力资源管理采取人性化管理，考虑人的情感、自尊与需求，以人为本，激励为主、惩罚为辅，多授权少命令，发挥每个人的特长，体现每个人的价值。

4. 管理策略不同。传统的人事管理侧重于近期或当前人事工作，就事论事，专注于眼前，缺乏长远思考，属于战术性管理。人力资源管理不仅注重近期或当前具体事宜的解决，更注重人力资源的整体开发、预测与规划。根据组织的长远目标，制定人力资源的开发战略措施，属于战术与战略性相结合的管理。

5. 管理技术。传统的人事管理照章办事，机械呆板，技术单一。人力资源管理追求科学性和艺术性，不断采用新的技术和方法，完善考核系统、测评系统等科学手段。

三、人力资源管理的学科特点

（一）综合性

人力资源管理是一门相当复杂的综合性的学科，具有综合性、交叉性、边缘性的特点，无论是进行学术研究还是实际的管理实践活动，都要涉及社会学、人类学、经济学、管理学、系统学、心理学和环境工程学等多种学科的知识。

（二）社会性

由于人力资源的社会性、能动性等特点，决定了人们之间在共同的有目的的活动中不仅具有市场经济关系和社会心理关系，也具有法律和道德关系，这些关系不仅是以社会心理为基础，更是以经济和社会利益、责任、权利为纽带而联系起来的。因此，在共同劳动过程中的人作为社会的一分子，必须遵守社会与组织的契约法律和道义，以保证这些关系的稳定并促进其改善。

第五节　人力资本与人本管理

管理变革、战略转型、流程再造，在变革年代如何持续改进企业执行力；海外并购、市场逐鹿，面临国际化竞争如何进行跨文化管理；职场磨砺、优胜劣汰，经理人如何建立和经营个人职业品牌；在高峰对话和管理实践中，如何应对全球化潮流，如何建立先进性人力资本，是企业普遍思考的问题。在今天瞬息万变的市场竞争环境中，管理者们需要每天唤醒速度感和紧迫感，需要用人力资源战略、流程与技术来寻求新的突破。人才是企业的第一资源。企业在国际、国内市场的竞争，越来越聚焦于人才争夺。如何化人力为资本，通过有效的人力资本管理提升企业核心能力，创建和谐组织，实现企业均衡、可持续发展，日益成为管理者面临的最大挑战。企业识别、吸引、任用、管理、留住、培养人才，创建人才竞争力，实现人力资本保值增值，建设和谐组织，保证企业均衡发展和可持续发展等成为人力资源管理的主题。

一、人力资本

人力资本理论如前所说，是由美国经济学家 T.W. 舒尔茨（T.W.Schulz）在 20 世纪 60 年代首先提出来的。此外，还有加里贝克尔（G.S.Becker）、哈比森（F.H.Harbison）、爱德华·丹尼森（E.Denison）等人。他们从不同的角度分析了人力资本理论。这些理论主要包括人力资本概念、人力投资的成本和收益、人力投资与经济增长、人力投资与社会受益等方面。

（一）人力资本概念

按照当代经济学家的解释，资本有两种形式：一是物质资本，二是人力资本。物质资本包括它的质量或它所体现的技术水平，所以物质资本大小的精确表述，应当同它的质量或它所体现的技术水平联系在一起。人力资本的情况也是如此。各个劳动者的质量或工作能力、技术水平、熟练程度不一样；同一个劳动者在受一定的教育和训练前后，他的劳动的质量或工作能力、技术水平和熟练程度也是有差别的。所以，人力资本大小的精确表述，也应当同劳动者受教育和训练的状况联系在一起，同劳动者受教育和训练后质量的提高或工作能力、技术水平、熟练程度的增加联系在一起。

体现在劳动者身上的人力资本和体现在物质产品之上的物质资本有一定的相似性，如二者都对经济起着生产性作用；二者作用的结果都能使国民收入增加；二者都是通过投资才形成的，这些投资都意味着减少现期的消费，以换取未来的收入。

人力资本和物质资本之间的主要区别在于：物质资本的所有权可以被转让或被继承，人力资本（指体现在自由劳动者身上的人力资本）的所有权不可能被转让或被继承。

人力资本与物质资本之间不仅有相似性和区别，而且存在互相补充或替代的关系：用一定量的物质资本和一定量的人力资本可以产生一定的收入。用较少量的物质资本和用较多数量的人力资本，或用较多数量的物质资本和用较少量的人力资本，往往可以产生同等数量的收入。

（二）人力投资的成本和收益

如前所说，人力资本有多种形成途径，教育是其中重要的项目。对教育的分析适用于对人力资本形成的其他项目的分析，因为理论上的处理是相似的。以下有关人力资本的分析，都以对教育的分析来说明。

1. 教育的成本

教育作为对人力投资的重要项目，其成本分为两类：一是教育费用；二是学生放弃的收入。教育费用又包括两个部分：一是政府拨出的经费；二是个人负担的学费。

学生放弃的收入是指学生由于上学而可能放弃的收入。这里的一个中心问题是机会成本（opportunity cost）概念。机会成本，是指人们放弃一种机会而由此可能遇到的损失（指人们放弃种机会而由此放弃的收入）。例如，学生（假定初中以下的学生不算，只算初中以上的学生）面临着两种机会，一是上学，二是就业。如果学生选择上学，那么他就会由此放弃选择就业所损失的收入。如果学生不选择上学，而选择就业，但又没有那么多工作岗位可以容纳他们，那就假定他们帮助家庭劳动，从而家庭可以增加收入（或减少雇人的支出）。总之，学生只要继续上学，就意味着放弃了收入。

2. 教育的收益率

教育的收益是指个人通过教育而提高的未来的收入，教育的收益率是教育的收益的现值与个人获得教育的成本的现值之比。教育的收益率是个人判断在经济上是否有利的标准。

对个人而言，教育的收益率是递减的。在读初中时，个人用于教育的费用很少，因上学而放弃的收入微不足道，因而这时教育的收益率很高。进入高中以后，教育成本增加，教育收益率下降。进大学后，个人用于教育的费用越来越多，因上学而放弃的收入也越来越大。正因如此，学生年龄越大，面临的升学和就业的选择问题也就越尖锐。

由于上学占据了时间，受过教育的人的一生工作时间少于未受他这么多教育的人的工作时间。这对人们一生可能取得的收入总量是有影响的，这也会影响人们在升学与就业之间的选择。

工资率的差异对教育的收益率的大小有双重影响：一方面会影响教育的收益，即人们受教育后的未来收入；另一方面影响教育的成本，即学生上学所放弃的收入。教育的收益率影响人们升学和就业的选择。因此，可以通过工资率差异的调整来对升学与就业的选择。

（三）人力投资与社会受益

人力资本投资不仅有益于个人，也有益于社会。例如，一种新的发明创造是人力资本投资的结果，没有教育，发明创造者就不可能获得这种发明创造的能力。发明创造人因此而增加了个人的收益。但是，这种发明创造也有利于社会，推动了社会经济的发展，改善了劳动条件和生活条件，扩大了就业，提高了人均国民收入水平等。

社会经济收益有一部分是可以计算出来的，如国民收入的增加等，但是也有部分是难以计算出来的，如生活和劳动条件的改善等。因为教育支出而得到的好处，不会全部归于个人，其中有相当一部分会归于社会。

二、人本管理

人本管理是一系列以人为中心的管理理论和管理实践的总称，自从人本管理理论诞生以来，对人本管理的理解就仁者见仁，智者见智，尚未形成一个权威的定论。

有的学者将人本管理概括为"3P"管理，即 Of The People(企业最重要的资源是人和人才)；By The People(企业是依靠人进行生产经营活动)；For The People(企业是为了满足人的需要而存在)。基于这一理论，有人提出现代企业管理的三大任务是创造顾客、培养人才和满足员工需要，人自始至终处于企业管理的核心地位。

有的学者将人本管理划分为五个层次，即情感管理、民主管理、自主管理、人才管理和文化管理。按照这一逻辑，人本管理实践认可企业目标和员工目标的一致性，建议采取目标管理、合理化建议、员工持股等多种方式增强员工参与管理的积极性；同时，以情感、文化凝聚人心。

有的学者把人本管理划分为两个层次：第一层次是首先确立人在管理过程中的主导地位，继而围绕着调动企业员工的主动性、积极性和创造性去开展企业的一切管理活动。第二层次是通过以人为本的企业管理活动和以尽可能少的消耗获取尽可能多的产出实践，来锻炼人的意志、脑力、智力和体力；通过竞争性的生产经营活动，达到完善人的意志和品格，提高人的智力和体力，使人获得超越生存需要更为全面地自由发展。

有的学者定义人本管理的含义是以科学为先导，以激励和价值先导为中心，提倡以团队和授权为导向，充分发挥企业员工智能参与的水平，强化各种人本要素，包括员工的意愿、管理力量、协调、交流和素质，确保企业的发展和回报并行同步。

有的学者通俗地把人本管理看作把人当人看，把人当人用，充分考虑个人的特点，尊重个人的个性，理解个人的情感与追求；同时在人与物的关系中，重视人与物的差别，做到人与物的协调，而不是使人成为物的附庸或一部分。

有的学者认为人本管理就是以人为本、以人为中心的管理，指在现代社会政治、经济和文化条件下，企业的管理活动以人作为管理的主要对象，最大限度地满足企业全体员工正当的物质需要和精神需要为基本途径以达到开发、利用企业的人力资源，从而实现企业目标，并进而逐步实现组织内全体员工自由和全面的发展。

从上述列举可以看出，对人本管理的理解各自有其重点和侧重。但笔者认为，把这些方面作为对人本管理的理解是可以的，如果作为人本管理的含义却不妥当。因为上述关于人本管理的含义并没有涵盖人本管理的实质，而只涉及了人本管理的某一方面。人本管理不是管理上的灵丹妙药，不是一种管理制度也不是管理技术，不是简单地就是为了调动员工工作积极性而采取的一系列管理办法，更不是变化了说法的口号。事实上，人本管理是从管理理念、管理制度、管理技术、管理态度到管理方式的全新转变，涉及管理者和全体员工从心理到行为的全面革命。

因此，人本管理的含义可以概括为：人本管理是一种把"人"作为管理活动的核心和组织最重要的资源，把组织全体成员作为管理主体，从尊重人性的角度开发和利用组织的人力资源，服务于组织内外的利益相关者，达到实现组织目标和成员个人目标的管理理论和管理实践的总称。

第六章 现代人力资源规划与开发

第一节 现代人力资源规划原理

一、人力资源规划概述

（一）人力资源规划的含义

对于什么是人力资源，目前学术界的认识不尽相同，普遍被大家接受的定义是，人力资源是指一定范围内人口总体所具有的劳动能力总和，或者说是指能够推动社会和经济发展的具有体力和智力劳动能力的人的总和。从人力资源管理角度分析，人力资源等同于劳动力资源；从开发角度看，人力资源开发是为了提供更高素质的劳动者。人才是人力资源中素质层次较高的那一部分，人才资源在人力资源中的比值是衡量一个国家人才资本存量和综合国力的重要指标，也是衡量单位人力资本存量和竞争能力的重要指标。

伴随着人力资源管理理论的兴起，人力资源规划也日益受到单位的重视。人力资源规划就是一个国家和组织科学地预测、分析自己在环境变化的人力资源的供给和需求状况，制定必要的政策和措施，以确保自身在需要的时间和需要的岗位上获得各种所需要的人才（包括数量和质量两个方面），并使组织和个体得到长期的利益的规划。单位的人力资源规划，就是根据其发展目标，为贯彻落实单位的战略规划而制定的有关人力资源配置、流动、培训、升迁等方面的规划。人力资源规划与战略规划密切相关，两者形成一个有机的整体。

（二）人力资源规划的目标

人力资源规划是为了确保组织实现下列目标：

第一，得到和保持一定数量的具备特定技能、知识结构和能力的人员。

第二，充分利用现有人力资源。

第三，能够预测单位组织中潜在的人员过剩或人力不足。

第四，建设一支训练有素、运作灵活的劳动力队伍，增强单位适应未知环境的能力。

第五，减少单位在关键技术环节对外部招聘的依赖性。

（三）人力资源规划的内容

人力资源规划包括两个层次，即总体规划与各项业务计划。人力资源总体规划是有关计划期内，人力资源开发利用的总目标、总政策、实施步骤及总预算的安排。人力资源规划所属业务计划包括人员补充计划、提升或降职计划、教育培训计划、薪资计划、人员使用计划、减员计划、劳动关系计划等。这些业务计划是总体规划的展开和具体化。

人力资源规划按其应用的用途及时间幅度而言，可分为战略性的长期规划（5年或5年以上），策略性的中期规划（2—5年）和作业性的短期计划（1—2年），它们与组织的其他规划相互协调、联系，既受制于其他规划，又为其他规划服务。人力资源规划是单位整个发展规划的重要组成部分，其首要前提是服从单位整体经济效益的需要。

在制定人力资源规划时，不管哪种规划，都必须与单位的战略目标相适应，只有这样才能保证单位目标与单位资源的协调，保证人力资源规划的准确性和有效性。

人力资源规划主要包括以下几个方面。

1. 晋升规划

晋升规划实质就是根据组织的人员分布状况和层次结构，拟订人员的提升政策。它一般由晋升比率、平均年资、晋升时间等指标表达。

2. 补充规划

补充规划即拟订补充的政策，目的在于使单位能够合理地、有目标地在中长期内把所需数量、质量、结构的人员填补到可能产生的职位空缺上。补充规划与晋升规划密切相关，因为晋升规划也是一种补充，只不过补充源在单位内部。晋升表现为单位内低职位向高职位的补充运动，运动的结果使职位空缺逐级向下推移，直至最低职位空缺产生，这时内部补充就需转化为外部补充。此外，补充规划与培训开发规划和配备规划也有类似的联系。

3. 培训开发规划

培训开发规划是为单位中长期发展所需要的一些职位准备人才，是围绕着改善配合关系而制定的。

4. 配备规划

配备规划表示中长期处于不同职位或工作类型的人员分布状况。它可解决下述问题：（1）当从事某种职务的人员需同时具备其他类型职务的经验知识时，就要进行有计划的水平流动。这意味着未来职务对人员质量要求高，若水平流动量小，则满足不了对人员质量的要求。（2）当上层职位较少而待提升人员较多，则通过配备规划增强流动，这样不仅可以减少对工作的不满，又可等待上层职位空缺的出现。（3）在超员情况下，通过配备规划可改变工作的分配方式，从而减少负担过重的职位数量。

5. 职业规划

职业规划是职业发展的一个子系统，它是规划一个人工作生活的人事程序。通过职业规划，把个人的职业发展与组织的发展结合起来，使两者的利益在发展过程中得到实现。人的职业发展要与组织发展对人的需求结合起来，脱离组织需求的个人职业发展，必将导致人员的流失。

6. 薪酬规划

薪酬规划是为确保以最合理的成本即吸引人才、留住人才又不至于超过合理的支付界限导致约束组织的发展而事先进行财政预算控制的过程。

（四）人力资源规划的作用

1. 人力资源规划的战略作用

人力资源是组织最重要、最核心的资源，制约着组织的其他资源效益的发挥，是组织管理的重要依据，在组织中的角色已由传统的被动地位转向组织发展战略伙伴的地位。将人力资源规划提升到组织发展战略的高度，与组织其他发展策略相结合，为组织人力资源管理提供了方向、指明了道路，可以保证从人这一组织最重要的资源方面协助组织各部门达成组织目标，提高组织工作绩效。

2. 人力资源规划的先导作用

人力资源规划具有前瞻性，通过对组织未来环境的预测，可以及时为组织人员的录用、晋升、培训、调整以及人工成本的控制等提供准确的信息和依据。人力资源最大的特点在于其供需刚性，从人力资源的供应而言，组织要寻觅到有助于组织发展的高层次人才，在人才竞争激烈的今天实属不易，而人的天赋、个性等较难改变，人的素养是个长期累进提高的过程，其事实又决定了组织培养自己现有的人才，使之合乎组织需要这一过程也是冰冻三尺，非一日之寒。人力资源规划由于能预先掌握组织发展对人才需求的动向，可以及早引导组织开展相应的人事工作，以免面对环境的变化措手不及。所以，人力资源规划可以把握组织的发展趋向，引导组织的人事决策，有助于组织帮助员工就此开展职业生涯设计和职业生涯发展计划。

3. 人力资源规划的保障作用

预测人力资源供求差异并调整差异，是人力资源规划的基本职能。组织的生存和发展与人力资源的结构、人员素质密切相关，人力资源规划为组织生存发展过程中对人力的需求从数量、质量、结构上提供了保障。对于一个动态的组织来说，组织的内外环境由于种种原因处在不断变动之中，外界环境的变化、组织内部人员的离职等都会造成人力资源的缺口，需求与供给的不平衡。这种缺口和人力资源需求和供给的不平衡不可能自动修复，人力资源规划可以通过分析供求的差异，并采取适当的措施吸引和留住组织所需人员，以此调整这种差异，保障适时满足组织对人力资源的各种需求。

（五）人力资源规划的基本程序

人力资源规划是以组织对人力资源的需要为基础的，既包括对人力资源供给的确定，又包括对人力资源需求的确定。人力资源规划的过程可分为四个阶段：一是收集、分析和预测信息，以便进行人力资源供给预测（并形成一个人力资源信息系统）和人力资源需求预测（并附加到人力资源信息中）；二是建立人力资源目标和政策，并获得高层管理者的支持；三是组织并执行为了达到人力资源目标而进行的招收、培训和晋升等活动设计方案；四是控制和改善人力资源方案，以便组织达到人力资源规划的目标。

人力资源规划步骤第一阶段包括五个方面，每一方面对于人力资源规划的成功都是很重要的，而第一步的人力资源分析是合理规划的基础。人力资源分析从核查组织目前拥有的人力资源和目前的工作岗位入手，这两个因素的分析对于组织确定其满足目前和未来的人力资源需求的能力来说都是必要的，缺一不可。

二、人力资源需求供给预测

（一）人力资源需求预测

1. 人力资源需求预测的含义

人力资源需求预测是指根据单位的发展规划和单位的内外条件，为实现既定目标选择适当的预测技术，对人力资源需要的数量、质量和结构进行预测。人力资源规划的目的是使组织的人力资源供需平衡，保证组织长期持续发展和员工个人利益的实现。

2. 人力资源需求预测的分类

人力资源需求预测可以分为现实人力资源需求预测、未来人力资源需求预测和未来流失人力资源需求预测。

（1）现实人力资源需求预测

主要包括根据工作分析的结果来确定职务编制和人员配置；对现有人力资源进行清点；根据以上统计结果与有关职能部门进行讨论，修正结论。

（2）未来人力资源需求预测

主要包括根据单位发展规划，确定各部门的工作量；根据工作量增长情况，确定需增加的职务和人数，并进行汇总统计，该统计结论即为未来人力资源需求。

（3）未来流失人力资源需求预测

主要包括对预测期内退休人员进行统计；根据市场变化，对未来可能发生的离职情况进行预测。

将现实人力资源需求、未来人力资源需求和未来流失人力资源需求汇总，即得单位整体人力资源需求预测。

3. 人力资源需求的影响因素

（1）单位的人力资源政策

单位人力资源政策特别是薪酬政策对内部和外部人力资源的影响很大，如单位的薪酬政策是否处于同行业的领先水平等。这些对内部和外部的人力资源的吸引都有重要的决定意义。

（2）政府方针政策的影响

政府的方针政策对于人力资源需求预测也有较大的影响。例如，2013 年 7 月 1 日起施行的新修订的《中华人民共和国劳动合同法》中提出，"劳动合同用工是我国的单位基本用工形式。劳务派遣用工是补充形式，只能在临时性、辅助性或者替代性的工作岗位上实施。前款规定的临时性工作岗位是指存续时间不超过六个月的岗位；辅助性工作岗位是指为主营业务岗位提供服务的非主营业务岗位；替代性工作岗位是指用工单位的劳动者因脱产学习、休假等原因无法工作的一定期间内，可以由其他劳动者替代工作的岗位"，这一方面充分体现了《中华人民共和国劳动合同法》对派遣岗位的界定，另一方面，单位进行需求分析时应该考虑政府方针政策的影响。

（3）劳动力成本的变化趋势

随着我国经济的不断发展，劳动力成本呈逐年上升趋势，这对于单位来讲影响很大，单位会最大限度地使用内部员工，尽量不对外招聘新员工，因此对单位人力资源需求分析产生影响。

（4）市场的动态变化

从市场动态看，由于消费者的需求复杂、供求矛盾频繁，加之随着城乡交往、地区间往来的日益频繁，旅游事业的发展，国际交往的增多，人口的流动性越来越大，购买力的流动性、多样性也随之加强。因此，单位要密切注视市场动态，提供适销对路的产品，才能在竞争中立于不败之地。这就要求对单位的人力资源结构进行不断调整，在进行单位人力资源分析时要充分注意市场的变化。

（5）单位的发展阶段

根据单位发展的生命周期中的不同阶段，在对人力资源进行预测的时候有不同的策略和不同的要求，同时也要考虑在不同的阶段可能影响人力资源的不同因素。可以说在单位生命周期的各个阶段，单位的人力资源供需始终处在不同的状态，也就是说供需平衡的状况是很少的，而供需的矛盾却是经常的。如在单位的稳定发展阶段，由于内部存在着退休、离职、晋升等问题，内部冗员开始增多，人力资源需求严重不足，这个时期需要做好人力资源的需求分析工作，以确保这些冗员的安置工作，从而能够保障单位渡过难关。

（6）其他因素

除上述因素外，社会安全福利保障、工作小时的变化、追加培训的需求等因素也应该考虑。

4. 人力资源需求预测的步骤

单位人力资源需求预测是一个从收集信息和分析问题，到找出问题解决办法并加以实施的过程。这一过程大致包括如下环节。

（1）根据工作分析的结果来确定职务编制和人员配置工作分析，包括工作分析和工作评价两部分内容。即借助于一定的分析手段，确定工作的性质、结构、要求等基本因素的活动。然后根据工作分析的结果，按照一定标准，对工作的性质、强度、责任、复杂性及所需资格条件等因素的程度差异，进行综合评价，用以确定单位各部门的人员编制及具体要求。

（2）进行人力资源盘点，统计出人员的缺编、超编及是否符合职务资格要求。人力资源盘点包括统计现有人员的数量、质量、结构以及人员分布情况，单位应当弄清楚这些情况，为人力资源规划工作做好准备。这项工作要求单位建立人力资源信息系统，详细记载单位员工的各种信息，如个人自然情况、录用资料、工资、工作执行情况、职务和离职记录、工作态度和绩效表现等。只有这样，才能对单位人员情况全面了解，才能准确地进行单位人力资源规划。

（3）将上述统计结论与部门管理者进行讨论，修正统计结论，该统计结论为现实人力资源需求。

（4）根据单位发展规划，确定各部门的工作量。

（5）根据工作量的增长情况，确定各部门还需增加的职务及人数，并进行汇总统计；该统计结论为未来人力资源需求。

（6）对预测期内退休的人员进行统计。

（7）根据历史数据，对未来可能发生的离职情况进行预测。

（8）将第六和第七统计和预测结果进行汇总，得出未来流失人力资源需求。

（9）将现实人力资源需求、未来人力资源需求和未来流失人力资源需求汇总，即得单位整体人力资源需求预测。

5. 科学运用人力资源需求预测的方法

由于经济全球化及信息技术的飞速发展，当今单位面临的内外部环境日趋复杂。如今，单位在进行人力资源需求预测时，考虑的往往不是单个因素的影响，而是多种因素的共同作用和相互影响。人力资源需求预测方法总体上分为定性和定量两大类，下面介绍几种常用的分析方法。

（1）德尔菲法

德尔菲法又称专家调查法，它依据系统的程序，采用匿名发表意见的方式，即专家之间不得互相讨论，不得发生横向联系，经过多轮次调查专家对问卷所提问题的看法，经过反复归纳、征询、修改，最后汇总成专家基本一致的看法作为预测的结果。这种方法具有广泛的代表性，较为可靠。

德尔菲法一般采用问卷调查的形式，具体操作过程如下。首先，在单位内、外广泛选择各个方面的专家，人力资源管理部门要通过对单位战略定位的审视，确定关键的预测方向、相关变量和难点，然后使用匿名填写问卷的方法，设计一套可以使各位专家自由表达自己观点的预测工具系统。其次，人力资源部门需要在每一轮预测后，将专家提出的意见进行归纳，并将综合结果反馈给他们，然后再进行下一轮预测。最后，通过多次反复以达到在重大问题上取得较为一致意见和看法。在预测过程中，人力资源部门应该为专家们提供充足的信息，以便专家能够做出正确的判断。另外，所提出的问题应尽可能简单，以保证所有专家能够从相同的角度理解相关的概念。

德尔菲法的优点是，能充分发挥各位专家的作用，集思广益，准确性高；能把各位专家的分歧点表达出来，取各家之长，避各家之短；能够使专家独立地表达自己的意见，不受其他人的干扰。其缺点是过程比较复杂，花费时间较长。

（2）转换比率分析法

人力资源需求分析是要揭示未来经营活动所需要的各种员工的数量。转换比率分析法的目的是将单位的业务量转化为对人力的需求，是一种适合于短期需求预测的方法。

转换比率分析法的具体操作过程如下：首先估计组织中关键岗位所需的员工数量，其次根据这一数量估计辅助人员的数量，最后加总出单位的人力资源总需求。单位经营活动规模的计算公式为：经营活动＝人力资源的数量 × 人均生产率。在使用这种方法将单位的业务量转换为对人力资源的需求量时，实际上是以组织过去的人力需求数量同某个影响因素的相互关系为依据，对未来的人力需求进行预测。以一所大学为例，当学生的数量增加一定的百分比时，教员的数量也需要相应地增加一定的百分比，否则难以保证学校的学生培养质量。类似的还有根据过去销售额与销售人员数量的比率，预测未来的销售业务量对销售人员的需求，再根据销售人员对文秘人员的比率，预测未来的文秘人员需求量等。

应该注意的是，这种预测方法有两个特点：一是进行估计时需要对计划期内的业务增长量、目前人均业务量、生产率、增长率等进行较精确的估计；二是这种预测方法只考虑员工需求的总量，没有说明其中不同类别人员的情况。

（3）经验预测法

经验预测法是根据以往的经验进行预测，有些单位常采用这种方法做预测。例如，单位认为车间里一个管理者管理 10 个员工最佳，因此依据将来生产员工增加数就可以预测管理者的需求量。这种方法的优点是简便易行，通常用于普通的工作岗位，缺点是不够准确。

（二）人力资源供给预测

人力资源供给预测是人力资源预测的又一关键环节。只有进行人员拥有量预测，并把它与人员需求量相比之后，才能制订各种具体的规划。人力资源供给预测需要从组织内部和组织外部两方面进行。在供给分析中，要考察组织现有的人力资源存量，在假定人力资源政策不变的前提下，结合单位内外条件，对未来的人力资源供给数量进行预测。

1. 人力资源供给预测的步骤

（1）进行人力资源盘点，了解单位员工现状。

（2）分析单位的职务调整政策和历史员工调整数据，统计出员工调整的比例。

（3）向各部门的人事决策人了解可能出现的人事调整情况。

（4）将第二和第三的情况汇总，得出单位内部人力资源供给预测。

（5）分析影响外部人力资源供给的地域性因素。

（6）分析影响外部人力资源供给的全国性因素。

（7）根据第五、第六的分析，得出单位外部人力资源供给预测。

（8）将单位内部人力资源供给预测和单位外部人力资源供给预测汇总，得出单位人力资源供给预测。

2. 人力资源供给预测的方法

（1）内部供给预测

单位内部人力资源供给预测是单位满足未来人力资源新需求的基础，是人力资源的内部来源。内部供给分析的思路是：先确定各个工作岗位上现有员工的数量，然后估计下一个时期在每个工作岗位可能留存的员工数量，这就需要估计有多少员工将会调离原来的岗位或离开组织。由于实际情况比较复杂，如组织的职位安排会发生变化等，因此在进行预测时，需要依据管理人员的主观判断加以修正。常用的内部供给预测方法有以下几种。

技能清单：技能清单是用来反映员工工作能力特征的列表，这些特征包括培训背景、以前的经历、持有的证书、通过的考试、主要的能力评价等。技能清单是对员工竞争力的反映，可以帮助人力规划工作者估计现有员工调换工作岗位的可能性，决定哪些员工可以补充单位未来的职位空缺。人力资源规划不仅要保证为单位中空缺的工作岗位提供相应数量的员工，还要保证每个空缺都由合适的人员补充。因此，有必要建立员工的工作能力记录，其中包括基层操作员工的技能和管理人员的能力，包括这些技能和能力的种类及所达到的水平。

技能清单可以用于晋升人选的确定，管理人员接替计划的制定，以及对特殊项目的人员分配调动、培训、工资奖励、职业生涯规划、组织结构分析等。员工频繁调动的单位或经常组建临时性团队或项目组的单位，其技能清单应包括所有骨干员工，而那些主要强调管理人员接替计划的单位组织，技能清单可以只包括管理人员。

管理人员接替图：管理人员接替图也称职位置换卡，它记录各个管理人员的绩效、晋升的可能性和所需的训练等内容，由此决定有哪些人员可以补充单位的重要职位空缺。制定这一计划的过程是：对管理人员的状况进行调查、评估，列出未来可能的管理人员人选，又称管理者继承计划，该方法被认为是把人力资源规划和单位战略结合起来的一种较好的方法。管理人员替换模型主要涉及的内容是：对主要管理者的总的评价；主要管理人员的现有绩效和潜力，发展计划中所有接替人员的现有绩效和潜力；其他关键职位上的现职人员的绩效、潜力及对其评定意见。

马尔可夫分析法：主要用于市场占有率的预测和销售期望利润的预测，也是组织内部人力资源供给预测的一种方法，用于具有相等时间间隔的时刻点上各类人员的分布状况。在具体运用中，假设给定时期内从低一级向上一级或从某一职位转移到另一职位的人数是起始时刻总人数的一个固定比例，即转移率一定，在给定各类人员起始人数、转移率和未来补充人数的条件下，就可以确定出各类人员的未来分布状况，做出人员供给的预测。这种分析方法通常通过流动可能性比例矩阵，来进行预测某一岗位上工作的人员流向组织内部另一岗位或离开的可能性。简言之，就是找出过去人事变动的规律，以此来推测未来的人事变动趋势。

（2）外部供给预测

当单位内部的人力供给无法满足需要时，单位就要分析单位外部的人力供给情况。一般来说，进行外部供给预测，应考虑以下几个方面的因素。

宏观经济形势和失业率预期的影响：主要了解劳动力市场供给情况、判断预期失业率。一般说来，失业率越低，劳动力供给越紧张，招聘员工越困难；失业率越高，劳动力供给越充足，招聘员工越容易。相关数据可以参考各类统计资料和公开出版物。

地域性因素：单位所在地的人力资源整体现状、单位所在地的有效人力资源的供求现状、单位所在地对人才的吸引程度、单位薪酬对所在地人才的吸引程度、单位能够提供的各种福利对当地人才的吸引程度、单位本身对人才的吸引程度等。外部供给是单位在劳动力市场采取的吸引活动引起的。所以，外部供给分析也需要研究单位可能吸引的潜在员工的数量、能力等因素。单位可以根据过去的招聘与录用经验，了解那些有可能进入组织的人员状况，以及这些潜在员工的工作能力和经验、性别和成本等方面的特征，从而把握他们能够承担组织中的哪些工作。

劳动力市场状况的影响：劳动力市场是人力资源外部供给预测的一个重要因素，据此可以了解招聘某种专业人员的潜在可能性。有些机构定期为单位进行外部劳动力市场条件的预测和劳动力供给的估计。劳动力市场对单位人力资源外部供给预测有十分重要的影响，主要涉及以下几个方面：劳动力供应的数量，劳动力供应的质量，劳动力对职业的选择，当地经济发展的现状与前景，为员工提供的工作岗位数量与层次，为员工提供的工作地点、工资、福利等。这种分析的主要意义在于为单位提供一个研究新员工的来源和他们进入单位方式的分析框架。

国家政策法规的影响：特别是国家的教育政策、产业政策、人力资源政策等，对人力资源供给的影响更大。对于一个国家来说，为了及时有效地供给人力资源，要从政策环境运行机制上努力培育劳动力和人才市场，完善劳动力和人才市场体系，健全各种必需的法律和法规，充分发挥劳动力或人才市场对人力资源的有效配置作用。

科学技术的发展：科学技术的发展，特别是互联网技术和电脑技术的迅速发展，对人力资源的外部供给产生很大影响。随着办公室自动化的普及、中层管理人员大规模削减，有创造力的人员更显珍贵；科学技术的发展使人们从事生产的时间越来越少，闲暇时间越来越多，因此服务行业的劳动力需求量越来越大。

三、人力资源规划制定程序及信息系统

（一）人力资源规划制定程序

一般来说，人力资源规划的过程包括四个步骤，分别为准备阶段、预测阶段、实施阶段与评估阶段。

1. 准备阶段

信息资料是制定人力资源规划的依据，要想制定出一个有效的人力资源规划，就必须获得丰富的相关信息。影响人力资源规划的信息主要有几种。

（1）外部环境信息

主要包括两类，一类是宏观经营环境的信息，如经济、政治、文化、教育以及法律环境等。由于人力资源规划与组织的生产经营活动密切相关，所以这些影响组织生产经营的因素都会对人力资源的供给与需求产生作用。另一类是直接影响人力资源供给与需求的信息，如外部劳动力市场的政策、结构、供求状况，劳动力择业的期望与倾向，政府的职业培训政策、教育政策以及竞争对手的人力资源管理政策，等等。

（2）内部环境信息

这类信息也包括两个方面：一是组织环境信息，如组织发展战略、经营计划、生产技术以及产品结构等；二是管理环境信息，如组织的结构、管理风格、组织文化、管理结构、管理层次与跨度及人力资源管理政策等。这些因素都决定着组织人力资源的供给与需求。

（3）现有人力资源信息

即对组织内部现有人力资源的数量、质量、结构和潜力等进行调查，包括员工的自然情况、录用资料、教育资料、工作经历、工作能力、工作业绩记录和态度记录等方面的信息。组织人力资源的状况直接关系到人力资源的需求和供应状况，对于人力资源规划的制定有着直接的影响，只有及时准确地掌握组织现有人力资源的状况，人力资源规划才有效。

2. 预测阶段

预测阶段的主要任务是在充分掌握信息的前提下，选择使用有效的预测方法，对组织在未来某一时期的人力资源供给与需求做出预测。人力资源的供需达到平衡，是人力资源规划的最终目的，进行需求与供给的预测就是为了实现这一目的。在整个人力资源规划过程中，这是最为关键的一部分，也是难度最大的一个阶段，它直接决定着人力资源的规划是否能够成功。人力资源管理人员只有准确地预测出人力资源的需求与供给，才能采取有效的平衡措施。

3.实施阶段

在需求与供给的基础上，人力资源管理人员根据两者的平衡结果，制定人力资源的总体规划和业务规划，并制定出实现供需平衡需要的措施，使组织对人力资源的需求得到满足。需要说明的是，人力资源管理人员在制定相关措施时，应当使人力资源的总体规划和业务规划与组织的其他规划相互协调，这样制定的人力资源规划才能得以有效实施。

4.评估阶段

对人力资源规划实施效果进行评估，是整个规划过程的最后一个阶段，由于预测不可能做到完全正确，因此人力资源规划也需要进行修订。在实施过程中，要随时根据变化调整需求与供给的预测结果，调整平衡供需的措施；同时，也要对预测的结果及制定的措施进行评估，对预测的准确性和措施的有效性做出评价，吸取经验教训，为以后的规划提供借鉴和帮助。

（二）人力资源信息系统

1.人力资源管理信息系统概述

单位越来越多地应用人力资源管理信息系统进行人力资源规划，以实现单位人力资源的高效管理目标。

（1）人力资源信息

人力资源信息是反映人力资源状态及其发展变化特征的各种消息、情报、语言、文字、符号等具有一定知识性内涵的信号的总称。

人力资源信息分为原始信息和再生信息（二次信息）。原始信息是相对简单、接近信息源的信息；二次信息是通过某种模式从原始数据中提取的信息。

人力资源规划的制定与实施是以人力资源信息为前提的，单位获取的人力资源信息的质量如何，直接影响到人力资源规划的效果。相对于外部的人力资源信息而言，单位内部的人力资源信息更容易获取。

（2）人力资源管理信息系统

人力资源管理信息系统是管理信息系统的一个子系统，指通过建立一种信息平台，将信息技术与人力资源管理技术切入到组织的管理实践活动之中，旨在使之满足单位各部门的具体需要，能够处理包括规范和例外的、普遍存在和特殊的、相对简单和错综复杂情境下的结构工具。

（3）人力资源管理信息系统的功能

第一，为人力资源规划和其他人力资源管理活动提供快捷、准确的信息；第二，为单位制定发展战略、提供人力资源数据；第三，为单位管理效果的评估提供反馈信息；第四，提高人力资源管理活动的工作效率。

（4）人力资源的信息管理过程

人力资源的信息管理过程同所有的信息管理过程一样，包括人力资源信息的搜集、加工、传递和贮存。第一，人力资源信息搜集工作包括以下步骤：确定搜集信息的目标、制定搜集计划、搜集信息和汇集、整理信息。第二，人力资源信息加工的两个基本要求是保证信息的客观性和提高信息的可用性，一般来说人力资源信息的加工要经过信息的分类、信息的统计分析、信息的比较和信息的综合处理等环节。第三，人力资源信息的传递方式有计算机网络传递、出版物传递、广播电视传递、文件资料传递和会议传递等。第四，人力资源信息存储的程序为信息登记、信息编码和信息存储。所谓信息编码就是按照一定的规律对人力资源信息按相应的顺序编制上统一的数码或代码。对人力资源信息的编码有利于信息的规范化管理，具体的编码方法有顺序编码法、分组编码法、数字式编码法和表意式文字编码法等。涉及信息存放时，要考虑存储量、信息格式、存储方式、使用方式、存储时间、安全保密、使用授权等方面的要求，使组织信息不丢失、不失真、不外泄、使用方便。

2. 人力资源信息管理系统的建立

组织内人力资源信息管理系统的建立不能教条化，而应该根据不同组织的不同情况来具体设计。在这个过程中要考虑以下五个因素：第一，组织发展战略及现有规模；第二，管理人员对人力资源有关数据要求掌握的详细程度；第三，组织内信息复制及传递的潜在可能性；第四，人力资源管理部门对本系统的运用程度及期望程度；第五，社会上其他组织关于人力资源信息系统的建立及运用情况。

一般说来，建立一个高效运行的人力资源信息管理系统需要经过以下四个步骤。

（1）研究现有系统

在确定要求或评价现有信息系统时，需要回答三个问题：①对新系统的要求是什么？目前信息是如何传递的？②信息使用情况如何？③这些信息对决策的价值如何？

（2）制订信息的优先顺序及概念设计

在全面理解现有信息系统后，就要确定所需信息的优先顺序。人力资源信息管理系统的设计必须确保排序在前的信息的提供；而生成排序在后的信息，只有在其带来的收益大于获得这些信息的成本时才是合理的。

（3）开发新信息系统

整个组织的优先顺序名单支配着人力资源信息管理系统的设计。

（4）确定人力资源信息管理系统

在最终确定了正式模式之后，新系统运行的基本条件就具备了。

3. 人力资源信息管理系统类型

（1）人力资源业务处理系统

人力资源业务处理系统是为组织日常业务处理提供信息服务的子系统，如公司内员工基本信息系统、招聘信息系统、晋升与绩效考核系统、职位分派系统等。影响人力资源信息业务系统的主要变量包括单位类型、组织结构、业务性质、职位配置和员工的个人特征等。

（2）人力资源管理信息系统

人力资源管理信息系统以服务于组织内的管理为目的，包括组织内人力资源的数量及质量等存量管理、人力资源生产力及效率指标的管理和成本与效益管理。

（3）人力资源决策支持系统

人力资源决策支持系统是专门为各级、各层、各部门决策提供人力资源信息的支持系统。决策支持系统大都依靠专用模型产生的专用数据库，结合某一类具体的决策做出决定，它的最新发展是智能支持系统和专家系统或知识工程，一般由数据库、模型库和用户接口组成。人力资源决策支持系统突出了用户接口的重要性。

第二节　现代人力资源开发原理

一、公共部门人力资源开发与管理概述

（一）公共部门的内涵与特征

1.公共部门的内涵

社会经济主体一般分为公共部门和私人部门。公共部门是负责提供公共产品或进行公共管理，致力于增进公共利益的各种组织和机构。私人部门则是提供私人产品，谋求实现自身利益最大化的个人和组织。

私人部门包括个人、家庭和私人企业；而公共部门则在不同的国家有不同的具体分类。我国公共部门一般划分为：国家政权组织、单位、公共企业和民间组织。

国家政权组织是指拥有公共权力，依法管理社会公共事务，以增进社会公共利益为目的的国家政权机构；单位是指国家为了社会公益目的，由国家机关举办或者其他组织利用国有资产举办的，从事教育、科技、文化、卫生等活动的社会服务组织；公共企业是指部分或者全部由国家投资，由国家委任代表参与和监督经营管理，以提供公共产品为主要经营内容，不以营利为主要经营目标的经济组织；民间组织是指民间自发组织的不以营利为目的的公益性组织。

公共部门的职责之一是提供公共产品。公共产品指的是共享性物质产品和服务，其在调节宏观经济、稳定社会秩序、改善市场条件、提高生活质量、发展文化教育、巩固国家安全、保护生态环境和推进经济增长等方面起主导作用，公共产品和私人产品两者的消费模式具有明显差异。

公共部门的职责之二是进行公共管理以完善市场机制的问题。因此，就需要公共部门在维护市场秩序、稳定宏观经济、优化资源配置、调节收入分配等方面发挥作用。

在我国，民间组织的发展还不够充分，而国家政权组织、单位和公共企业在公共部门中则居于主导地位。本节在不特别说明的情况下，"公共部门"一词仅

指国家政权组织、单位和公共企业。

2. 公共部门的特征

经济学家斯蒂格利茨认为，公共部门与私人部门的重要区别在于两个方面：一是经营公共部门的负责人所拥有职务的合法性直接或间接地从政治选举过程中产生；二是政府被赋予一定的强制力，这种权力是私营机构所没有的。

从作用的范围来看，私人部门与公共部门之间似乎不存在清晰的界限，特别是当私人部门的行为具有很强外溢性的时候更是如此，但是将典型的公共部门和典型的私人部门进行比较分析以凸显差别将有利于把握它们各自的特质。

（二）公共部门人力资源的内涵

1. 公共部门人力资源

公共部门人力资源是指在公共部门中工作的具有劳动能力的各类人员的总和，即在职人员的总称，是整个社会人力资源的重要组成部分。

2. 公共部门人力资源的数量和质量

（1）公共部门人力资源数量

从数量上来说，公共部门人力资源包括国家政权组织公职人员、单位人员、公共企业人员和民间组织从业人员等四个部分。

衡量公共部门人力资源的数量有两个相对量指标：一是财政供养比，是指支出财政供养的国家政权组织和单位人员占全体人口的比重；二是国家全部公共部门人员占全体人口的比重，称之为公共部门从业比。这两个指标可用于衡量公共部门的人员数量是否合理，比例高表示公共部门人员充足，可能提供较好的公共服务，但同时也意味着公共部门占用的人力资源较多，财政负担较重；比例低表示公共部门人员较少，意味着公共部门占用的人力资源少，财政负担较轻，但也蕴含公共服务供给不足的风险、公共部门人力资源相对量没有统一的标准，但是市场经济国家为了避免公共部门占用太多的公共资源，一般都倾向于将这一比例保持在较低的水平上。

（2）公共部门人力资源质量

从质量上来看，公共部门人力资源一般是指公共部门从业人员单个个体素质的有机集合，通常由道德素质、身体素质与智能构成。

公共部门人力资源不仅要求单个个体素质较高，同时还要求总体素质结构合理。要提高公共部门人力资源总体质量，除了提高个体素质之外，还要特别注意进行人员的合理调配。只有双管齐下才可能实现公共部门人力资源总体质量的大幅提升。在进行人力资源调配过程中，年龄结构、性别结构、民族结构、专业结构等因素是不可忽视的内容。

（三）公共部门人力资源开发与管理

1.公共部门人力资源开发与管理的内涵

公共部门人力资源开发与管理是指公共部门依照相关法规对管辖范围内的人力资源所进行的规划、获取、维持和开发等一系列管理行为。

2.公共部门人力资源开发与管理的四大功能

（1）人力资源规划

公共部门人力资源规划的主要目标是预算准备和人力资源计划，在政府官员之间划分与分配工作任务（工作分析、职位分类和工作评估）、决定工作的价值（工资或薪酬），公共部门人力资源管理者应承担技术人员、专业人员、人力资源管理专家及周旋者的角色。预算过程表现了政治回应性和效率的价值，科学的工作分类与分析，能够提高行政效率，而且有利于对社会公正和个人权利更多地加以关注。工资与福利制度不仅有利于改善员工的经济生活，而且还有助于提供评判员工个人价值的相对客观的经济尺度，同时还能够体现个人权利的价值。

（2）人力资源获取

公共部门人力资源获取的主要目标是招聘、选录和甄别政府雇员。公平就业机会、弱势群体保护行动和劳动力多样化计划对公共部门人力资源管理的功能产生了重要的影响。这些计划均建立在社会公平和个人权利的价值，以及用于实现这些价值的弱势群体保护行动的法律和程序的基础上。由于公共职位是稀缺资源，因而在其分配过程中存在着影响人力资源获取功能实现的价值冲突，这些价值是分配公共职位的基础，主要包括回应性、效率、个人权利和社会公平等。

（3）人力资源开发

公共部门人力资源开发的主要目标是适应、培训、激励及评估雇员，提高其知识、技能与能力。人力资源开发是建立健全现代公共部门和人力资源制度的重点和核心。

（4）纪律与惩戒

公共部门纪律与惩戒的主要目标是确立、保证雇员和雇员之间的期望、权利与义务的关系，建立惩戒途径与雇员申诉程序等。纪律与惩戒是人力资源开发与管理四个核心功能中最重要的功能。

总的来看，公共部门人力资源开发与管理的四大功能之间是相互关联、环环相扣的，并且与外部环境处于动态的平衡之中。其中，人力资源规划是基础，是整个人力资源开发与管理体系的蓝图和基石；人力资源获取是手段，是整个人力资源开发与管理体系的砖石；人力资源开发是核心，是整个人力资源开发与管理体系的心脏；纪律与惩戒是保障，是整个人力资源开发与管理体系的安全阀。上述四个方面的功能构成一个有机整体，各个部分之间相对独立，但又相互影响、相互制约。

3. 传统人事管理与现代公共部门人力资源管理的比较

现代公共部门人力资源管理是从传统人事管理学科发展而来的。人事就是指在"用人治事"的过程中发生的人与人、人与组织、人与事（工作）之间的相互关系，所谓人事管理，就是人事关系的管理，其目的在于使人与事、共事的人与人之间实现最佳的关联，有效地实现组织目标。人事管理的全部内容都围绕人与事的关系来展开和进行，追求最终实现事得其人，人尽其才，才尽其用，人事相宜。

4. 公共部门人力资源开发与管理模式

公共部门人力资源开发与管理系统包括宏观环境、公共部门内部人力资源开发与管理系统、人力资源开发与管理社会服务体系三个部分。公共部门内部人力资源开发与管理系统和人力资源开发与管理社会服务体系两者都受宏观环境的影响，两者之间密切协作、共同作用于人力资源绩效。

宏观环境包括政治、经济、劳动力、科学技术和社会文化等因素，这些方面的差异决定了不同国家或地区的公共部门人力资源开发与管理系统之间差异显著。例如，公共部门人力资源绩效的首要影响因素是公共部门内部的人力资源开发与管理系统。这一系统和私人部门企业组织内部的人力资源开发与管理体系类似。在组织战略、组织结构和组织内部环境影响之下，公共部门内部的人力资源管理部门负责组织开展人力资源规划、工作分析、甄选、培训与开发、职业发展、绩效评价、激励、工资与福利、晋升与调配等工作，其中的培训开发和职业发展是典型的部门内部进行的人力资源开发工作。

人力资源开发与管理社会服务体系是处于组织之外，但和公共部人力资源管理关系密切的一些公共服务体系。它包括正规教育体系、职业培训体系、就业服务体系、社会保障体系和监督维护体系等几个部分，正规教育体系主要是指大、中、小学等教育机构，它们主要提供就业前的素质教育服务；职业培训体系指组织内外的各类职业培训机构，主要对就业后或处于就业预备期的人员提供的有针对性地培训服务；就业服务体系是指遍布各地的就业服务机构，为人员就业和流动服务；社会保障体系包括各种为劳动者提供医疗保健服务的机构，相关的各种社会保障基金的管理和营运机构也包括在内；监督维护体系是维护正常劳动秩序的各类机构，主要指劳动纠纷处理机构和组织内部的工会组织等。

人力资源绩效不仅和各个公共部门内部的人力资源开发和管理体系有关。而且还和人力资源开发与管理社会服务体系关系密切。因为公共部门提供的是公共产品，其最终绩效不仅取决于公共部门内部管理水平的高低，相关人力资源开发与管理服务体系的素质也对公共部门人力资源绩效影响重大。

二、我国公共部门人力资源开发与管理的变革和展望

（一）我国公共部门人力资源开发与管理的沿革

中华人民共和国成立 70 余年来，我国公共部门人力资源开发与管理经历了从创立到不断发展完善的过程，尤其改革开放以来，实施科教兴国，消除不利于人才成长的体制性障碍，公共部门人力资源开发与管理工作进入了新的发展阶段。进入 21 世纪。中共中央提出了人才强国战略，强调着力建设党政人才、企业经营管理人才和专业技术人才等几支队伍，掀开了我国公共部门人力资源管理

工作新的一页。

（二）我国公共部门人力资源开发与管理思想的更新

以 2003 年中共中央历史上第一次召开全国人才工作会议为标志，我国公共部门人力资源开发与管理工作获得了前所未有的重视，指导思想有了新的突破，工作力度大大加强，实际工作也不断获得新进展。

结合我国的实际情况，在推进社会发展过程中必须坚持贯彻马克思列宁主义、毛泽东思想、邓小平理论、"三个代表"重要思想、科学发展观、习近平新时代中国特色社会主义思想。我国当前要着重抓好培养吸收和用好人才两个环节，具体体现在要加强人才资源能力建设，深化人才工作体制改革，大力培养各类人才，加快人才结构调整，优化人才资源配置，促进人才合理分布。

（三）新时期我国公共部门人力资源开发与管理变革的成果和深化的关键

目前，我国公共部门人力资源开发与管理变革还存在一定的问题，如人力资源流动环境改善迅速，但人力资源投资多元化、一体化仍有进步空间；人力资源汇集力度空前、机制创新突飞猛进，但尚存隐忧；人员任用管理体制日渐规范有序，但改革尚需深入；考核激励机制日渐科学严密，但量化水平尚不足；公共部门人力资源培训力度大大加强，但市场化不足，效率堪忧；法律规章制度日渐完善，但要实现良治还需多方努力；信息服务系统电子化和网络化发展迅速，但体系尚需完善。这些都是新时期我国公共部门人力资源开发与管理变革和深化的关键。

跨入 21 世纪以来，有关我国公共部门人力资源开发与管理体系取得的种种进展是对过去工作的肯定，所遇到的种种问题恰恰是变革初期的必然表现。实际上，种种现象都可以归因为公共部门人力资源开发与管理体系变革初期存在的两个最突出的根本性问题：一是公共部门企业化不足导致执行力欠缺，效率意识缺乏；二是对公共部门市场化、企业化的"度"把握不够准确。如何既突出公共性又有效借鉴企业化的管理方式，在努力维护社会公平的同时又努力提高效率，这在全世界都是个共同的难题，要解决这个难题需要理论界和实务界紧密合作才可能最终解决。

第七章 网络经济时代人力资源管理的发展

第一节 新世纪人力资源管理面临新形势

在了解大数据与人力资源管理的关系之前，首先应了解在当前情况下，人力资源管理所面临的形势，也就是较之以往发生了哪些重要变化。

一、人力资源管理，已经变成了劳动力管理

在互联网、大数据条件下，碎片化已经成为事实。时间碎片化、学习碎片化、用工碎片化等都是新的事物。一位研究劳动力的专家称，劳动力供给在今天与以往相比已经发生重大变化。

以往的公式是：

劳动力供给 = 劳动者人数 × 劳动时间

现在的公式是：

劳动力供给 =（全职雇佣的劳动者 + 非全职雇佣的劳动者）×（小时工作时间 + 加班时间 + 碎片化时间）

因此，人力资源管理已不能叫"员工管理"，而应该叫"劳动力管理"或"劳动者管理"。劳动者不一定是我的员工，而是我所使用的人。在互联网冲击下，企业的边界正在被打破。同时，企业也获得了更低廉的劳动成本。

最典型的是像传媒业、互联网业、创新产业等知识劳动者密集的产业，他们完全可以采取雇用专家组成项目团队的方法来完成工作，创造一般人创造不成的价值。另外，居住在企业附近的人也可以成为自己的雇员。随着互联网、大数据技术的发展，劳动力管理工具已经能够最大限度整合劳动力资源，帮助企业在合

适的地点更精准地找到最合适的人选。

互联网和大数据还改变了劳动者的工作方式，像专栏作家、淘宝店主、酒后代驾、专车司机等都是一些灵活就业者，他们依靠互联网找到了自己满意的工作。在"大众创业、万众创新"的大背景下，"个体户"的概念也需要重新定义，他们应该称为"自我雇佣者"。他们的社会福利与社会保障应该跟上时代，有所创新，而这正是人力资源宏观管理部门所忽视的。

二、对于人力资源管理来说，征信很重要

我们这里讲的征信，是指建立基于大数据的个人征信系统。

商务部的研究人员说，"征信就是征集信用记录"。详尽的解释是：授信机构（金融机构或商家）自身或委托第三方机构，对客户信用状况进行调查验证，形成报告，用于决策，以规避风险的事情。对于普通百姓来讲，个人征信状况，主要用于个人申请信用卡、办理车贷房贷、求职、投保等事项。因为当今社会，直接利用现金进行交易的情况越来越少，如果没有社会信用系统支持，风险就会很大。而征信乃是信用体系的基础。

中国人民银行印发《关于做好个人征信业务准备工作的通知》，要求芝麻信用、腾讯征信等八家机构做好征信业务的准备工作，准备时间为六个月。这八家机构包括互联网巨头、保险公司、征信公司、拥有数据资源的新兴公司。由此可以看出，"互联网＋大数据"将在未来征信体系建设中发挥重要作用。

征信业其实是一个很有点历史的行业。最初就是委托调查，已有几百年的历史。到了互联网时代，互联网与征信结合，就出现了互联网征信。"对大数据的分析和信息自动化采集"是互联网征信的最大特点。

上海一位"白领"向朋友圈发了一条消息：个人信用分数766分。在这个分数的旁边还写有四个字"信用极好"。这有什么意义呢？原来凭借这个分数，她就可以申请到申根签证，持这个签证，就可以在包括芬兰、法国、德国、意大利等26个国家通行。

这位"白领"得到的分数来自"蚂蚁金服"2015年年初推出的信用服务——"芝麻信用"。支付宝用户可以开通自己的"芝麻信用"功能。"芝麻信用"用五

个维度综合了个人用户的信用状况：信用历史、行为偏好、履约能力、身份特质、人际关系。用户的"芝麻信用"分数达到了一定的数值，其租车、住店、网购、办理签证就有望不用交纳押金，或可以先试后买，不用提供存款证明了。

基于购物信息、水电费交纳、支付习惯、黑名单记录等大数据，就可以掌握一个人的信用状况。当然，有的大学生是没有办理信用卡的，但这些人可能早就在网上购物了，甚至已经成为支付宝资深用户了，他们在互联网上留下的记录和行为数据，已经可以为其信用打分。

目前，互联网征信企业也存在一些问题，如独立性与客观性的问题。互联网征信企业应该努力保持中立、公正。有人指出，有的企业虽然掌握不少数据，但是没有掌握其平台之外的数据，因此是不完整的，尚有待改进。

三、大数据在宏观管理方面应用很广

大数据应用于宏观层面的人力资源管理，可以表现在很多方面。

（一）信息公开能够促进就业

由于推动社会信息公开、透明与共享，使内部与外部利益相关者都提高了工作效率，产生了公共效益。例如，中国人民银行上海总部公开金融信息后，催生了一批金融信息咨询服务公司，拉动了 10 多万人就业。

（二）实时数据确实促进就业

联合国启动"全球脉动计划"，为各国提供实时数据分析，以便准确了解人类福利状况，降低全球性危机对人类生活的影响。联合国前秘书长潘基文说，联合国必须为自己的服务对象服务，帮助那些失去工作、生病、难以养活自己和家人的人。

（三）个性服务大大促进就业

传统公共服务强调共性，实际上，个性化需求十分迫切。德国联邦劳工局通过对就业历史数据的分析，区别了不同类型的失业群体，实行有针对性的服务，在每年减少 100 亿欧元的情况下，减少了失业人员平均再就业的时间。

（四）"千人智库"促进人才创业

"千人智库"是一个依托全球人才资源大数据，对接各级政府、企单位人才与项目需求，面向市场提供高端猎聘与咨询服务的民间智库。总部位于湖北武汉光谷。"千人智库"拥有巨大的数据资源，整合了《千人》杂志、科研出版社（亚洲最大的开源电子期刊出版社）、汉斯出版社（全球最大的中文开源电子出版社）等相关机构的人才资源，掌握全球 1000 万名以上的科学工作者数据，并形成了每天实时更新的智能化人才大数据。作为一个巨大的信息化平台，"千人智库"能够精确匹配客户的人才需求，已经为天津，湖北武汉、鄂州、襄阳、黄冈，以及浙江余姚，辽宁本溪，江苏南京，北京中关村等地开展人才引进与项目对接服务。与传统的引才方式相比，"千人智库"具有服务范围大、引才效率高、成本付出低的特点。

以上是对大数据应用于宏观管理方面的总体介绍，但这不是本书的重点。本书主要讲的是大数据应用于微观管理方面的一些问题。

第二节　基于大数据的人力资源管理

关于大数据人力资源管理，人们有不同的认识。有人认为，我们当前使用的数据，尚不够大；还有人认为，我们目前的管理距离大数据管理差得还很远。我们认为，在互联网时代，大数据已经生成在我们身边。我们使用的互联网就是"互联网""大数据""云计算"。包括简单至极的出行打车，你所使用的手机（移动终端）工具，就是以大数据为基础的。因此，在我们的论述中，均以"基于大数据的 XX"来加以区别。

一、基于大数据的人力资源规划

人力资源规划，就是对组织人力资源的进出以及配置做出提前的设想与准备。显然，这需要弄清几个问题：当前本区域内的人力资源总况，当前组织内人力资源余缺，当前本组织最需要的人力资源类型、层次和数量，内部人力资源流动配置计划方案等。

哪些人会离职要特别引起重视。因为人力资源工作者必须保证人力资源能够充分满足组织内各个工作岗位的需要。

通过数据挖掘，通过询问"不墨守成规的人，在每家公司都有生存空间"这样一个问题，专家发现，同意该说法的人，往往跳槽率较高。这是回归方程计算的结果。

沃尔玛公司认为，统计回归不仅可以对员工离职进行预测，而且能同时报告预测的准确程度。沃尔玛从它的雇佣测试回归中学到三件事：一是应聘者在其岗位上能够工作多少时间（比不同意该说法的人少 2.8 个月）；二是这种预测的精确率有多大；三是这样的应聘者供职更久的概率是多少。

二、基于大数据的人力资源招聘

人才管理从系统论的角度看是一个"进管出"的过程。也就是首先将各类人员包括其高端部分——人才引进组织之中。

大数据时代的招聘以数据作为衡量人才的前提，以模型作为评价人才的标准，能够进行迅速、有效的筛选，保障招聘质量。美国 IBM 公司花费 13 亿美元，收购了 Kenexa 的一个招聘培训机构（它每年向 4000 万工作申请者开展问卷调查，获得基于大数据的人员特质分析），使招聘岗位与应聘者之间实现更加精确的匹配。专家认为，这种形式的招聘，从技术角度看，是持续的数据挖掘过程；从信息角度看，是关联信息不断组合的过程；从专业角度看，是对岗位价值、胜任力的理解过程。

大数据时代的人才招聘，是一个双向选择过程。组织要选人才，人才也要选组织。这是一个双向互动过程。

（一）借助社交网络

目前，企业招聘已经能够借助社交网络，达到知人的目的。社交网络是拥有大数据集群的最大主体，能够通过它获取应聘者生活、工作、能力状况及社会关系等各方面的信息，形成立体形象，便于企业做到"精确人岗匹配"。融合社交网络的最佳对象，有人认为是 Linkedln。它能够借助社交基因弥补传统网络单向招聘的不足，既能令雇主与应聘者之间彼此深度了解，也能节省招聘成本，提高招聘效率。

（二）通过人力资源外包公司

现在美国很多人力资源外包公司能够从两个对立的方面为求职者与招聘者提供服务，如 Glassdoor、TalentBin、Identified 等。在 Glassdoor 这家公司注册的求职者，可以了解应聘公司的薪酬水平、工作环境、公司内幕，在与脸书公司整合后，还可以告诉你，应该结识公司里的那些人，可以提出想到哪个岗位工作。还有的公司借助社交网络，能够告诉求职者应聘公司内部"有哪些认识的人"，公司有没有关于职工婚姻状况的潜规则。要想晋升，需要准备什么样的知识、提高什么样的技能，被聘任之后，可以按照什么样的路线图发展自己等。

作为人才招聘方的企业，自然十分想获得应聘者的信息。TalentBin 公司通过收集社交网络上的个人信息，整理编辑出一个以人为中心的信息库，想招聘什么样的人，可以通过搜索获得。另一家叫作 Identified 的公司，可以对求职者进行打分比较。其核心功能是通过工作经历、教育背景、社交网络为求职者打分，其信息来源为 Facebook。

（三）人才网络招聘

通过互联网进行招聘，目前已经广泛流行。将来，基于大数据的网络招聘，会将网络社交功能引进招聘过程。在新型的网络招聘过程中，求职者可以在网站建立自己的简历，分享求职经验，关注职位信息，建立人脉；组织也可以在上面树立自己的企业形象，吸引优秀人才加盟，发布招贤信息。

人力资源招聘首先需要面试。关于面试的方法很多，这里不再展开论述。比较先进的方法是一种通过游戏识别人才的技巧。

（四）高效率的视聘招聘法

最近出现的基于大数据、人才模型的"欧孚视聘招聘法"是一种高效率的招聘法。欧孚视聘董事长黄悦称：这种方法整合了人力资源专家、移动互联网专家、心理学家、视频技术专家、行为分析专家的智慧，共同研发而成。其所依靠的心理技术是"五大职业人格"，而不同之处在于通过采取视频数据，来读懂应聘者的形象、表情、气质、表达、手势。关键点在于应用了机器能力、分析算法，把大数据与人工智能作为武器，完成了将应聘者与所招聘职位的匹配。无论是从准确性来看，还是从效率上来看，都得到了成倍提升。

这种方法被国际学术界称为"科学读心法"，又被称为"人工神入"（Artificial Empathy）。最大的革新之处在于不是通过直接询问，而是依据一个人释放的个体信息，包括表情、语言、体势语言、生理特征来判断其内心状态。移动手机用户可以通过微信把一段视频发过去，进行分析。这种方法的主要优长之点是移动化、可视化、精准化、温情化。

（五）有趣的"芥末侍应"游戏识人法

玩家在游戏中是一家食品店的服务员。他需要依据顾客的表情来给他相应的食品。开心的顾客就要给他代表开心的食品，难过的顾客就给他代表难过的食品。虽然看上去这个游戏与一般游戏没什么两样，但可以对玩家在游戏中每千分之一秒的行为进行解析，考察他们与就业职位相关的性格特征，如责任感和应变能力等。

另外，还有很多这样的游戏能够辨别被测者的智力水平、情绪控制能力、对环境的适应能力。其最大优势是在短时间内进行多项测试，而且无须被测者做出有倾向性的回答，他也无法作弊。这种游戏软件是奈可（Knack）公司开发的。有些专家说："大数据的应用，使得计算机在处理大量数据时，可以从中挑选出人关注不到的信息。这就能够使人力资源工作者做出更加客观准确的招聘决策。"人才招聘以往主要靠面试与简历筛选。前者误差大，难免受到"以貌取人"的影响；后者也会受到千人一面的困扰。

（六）人才雷达与雷达人才

人才雷达是基于云端，利用数据挖掘定向分析，帮助企业找到合适人才的信息平台。创始人是周俊博士。他说："通俗一点讲，就是基于数百万计的论文数据、几百万的简历数据，加上微博的支撑，根据企业的招聘需求，搜索关键词，自动匹配求职者，根据个人的求职需求，自动匹配一些职务。"

这种方法能够从9个维度给出某个潜在求职者一个分值。在互联网时代，每个人在网络上留下大量数据，其中包括生活轨迹、社交言行等个人信息。依靠对这些数据的分析，能够将锁定的人的兴趣图谱、性格画像、能力状况从中剥离出来。例如，可以从高校网站获取这个人的所受教育经历；可以从其所发表的论文、专业论坛发表的文章、被人引用的次数了解到专业影响力；可以从其所交往的好友辅助判断能力状况；可以从其网上的抽象语言判断性格特征；可以通过分析其网上行为表现而得知职业倾向；可以关注其发微博的时间特点、在专业论坛上的时间而推测其是否符合某种职业的要求。

以上讲的是人才雷达，那么什么是雷达人才呢？

雷达人才是专门等着人才前来登记的一个地方。其网页显眼的位置上写着"雷达那么强，我想去试试""又好又快又不要钱""找工作，雷达一下"。打开网页，求职者可以将自己的姓名、求职要求填写进去，一周之内，自动登录。其实，这时你就是其人才库的一个成员。你需要找工作，他们也需要你的加人。

"数职寻英"是周涛博士的一个创新。它其实是一个借助手机的"社会众包平台"，又叫"指尖招聘"。周涛解释说，当你在朋友圈分享了一个招聘需求，并被朋友分享给其他人，最后有人获得此信息并被录用了，那么所有转发此信息的人都将获得奖励。这么一来，人人都可以是猎头。

大数据时代的人员招聘，能够结合社交网站，掌握应聘者的各类信息，包括个人视频、工作信息、生活状况、社会关系、个人能力等，都能被了解，从而形成关于应聘者的立体图像，有利于做出正确判断。

三、基于大数据的人才选拔

专门研究大数据时代人才寻找的哈尔滨工业大学教授唐魁玉说："国内一流大学在引进长江学者、973 首席科学家和其他杰出人才时，应在全球范围内人才数据库里加以遴选和聘用。这样做的结果，既可以避免做井底之蛙，也可以防止掌握人事权的人以权谋私，随意聘任自己关系网里的熟人，促进一流大学人才间的流动。"这对有志于寻找高级人才的省市、行业来讲是一个重要提醒。

案例：凭借大数据寻才的美国 NBA

在美国 NBA 征战的球队，都有自己专属的大数据工作人员。其中最为重视的非凯尔特人与火箭莫属，而不重视数据的球队总是在联盟中垫底。

22 岁的达雷尔·莫雷成为休斯敦火箭队的总经理助理，第二年成为总经理。他善于利用大数据选人，特别是选到了当时名声不那么显赫的韦斯特、杰弗森和杰拉德。当时争议很多，后来却证明莫雷的选择是正确的。

莫雷还善于利用大数据预测一个队员与其他球员配合时的表现。莫雷曾在选秀中放弃了当时最红的杰伦·戴维斯和约什·麦克罗伯茨，转而选择了身高只有一米八的后卫亚龙·布鲁克斯。很多人对此不解。后来，他的表现压倒了包括当时"榜眼"在内的诸多新秀，成为一颗冉冉上升的新星。但莫雷对自己的计算方法从不向外讲，一直讳莫如深。

案例：用数据分析选择棒球队员

对于棒球球员来说，是通过肉眼考察选拔好，还是通过数据选拔好？这个问题一时还很难回答。但美国作家比尔·詹姆斯认为，数据胜于肉眼。他说："肉眼的观察不足以让人了解到评价一个球员的标准。仅凭观察不可能看到上垒率 0.300 的击球手和 0.275 的击球手之间的差别。他们仅仅是每两个周击一下的区别。如果你一年观看 15 场比赛，那么 0.275 的击球手就有 40% 的可能性比 0.300 的击球手击出更多安打。好的击球手和一般的击球手的差别，是不容易看出来的，只有从他们的记录上才能看出。"

有人发表评论说，在球探们看来，要找到一个好的棒球队员，需要开车走 6000 多公里，住上百次破烂的汽车旅馆，在 Dennys 餐厅吃无数次的饭，之后才能在 4 个月内看完 200 场高中或者大学的棒球比赛，而且其中有 199 场完全没有意义。而要真正能够看到细节，还必须正好坐在球手的正后方。这样的机会可能只有一次。

这里，核心的分歧在于，到底是应该凭经验观察，还是凭统计数据来做出选拔人才的判断。

"奥克兰运动家队"的总经理比利·比恩是读过詹姆斯文章的人，他是赞成以数据选人的人。比恩非常喜欢一个叫杰里米·布朗的人，因为他比别的球员走动得更积极。可是球探们不喜欢这个人，认为他太胖，而身材笨重的人是不可能在球队中打主力的。但是比恩却不信这一套，他丝毫不在乎球员的外表体型怎么样，关注的是能不能打赢。后来布朗的进步比那年买到的球员进步都快，成为显赫的主力，第一场比赛就打出了好成绩。

詹姆斯在《魔球》一书中详尽记录了奥克兰运动家队等球队凭借数据而在自己领域的长期成功。这既是对以数据取胜者持久影响力的礼赞，也是对崭新的选人方法的礼赞（参见伊恩·艾瑞斯 (Ian Ayres)《大数据思维与决策》）。

四、基于大数据的人力资源配置

关于人力资源配置，人们必然会想到有关"能力模型"的研究。1973 年，哈佛大学麦克利兰教授发表论文指出，一个人能不能胜任某项工作，不是要看其智力，而是要看其胜任力。找到能够区分绩效优异与绩效低劣的一些潜在心理特征很重要。从此，有关胜任力模型的研究在美国兴盛起来，并逐渐影响我国。

能力模型的开发过程是严格遵循心理测试标准的。模型做好后，可以以它为基础，开展人才招聘、配置、培训、绩效考评等。实际使用过这种模型的人都会感觉到，其开发过程比较复杂，费用也不菲，但并不实用。伴随着互联网的出现，人们逐步认识到，岗位是不断变化的，基于岗位的能力模型，很难适应这种变化。人们在思考：如果重视一个人的智力水准，加上潜力考察，能不能打破原有的、中心化的、封闭的心理评估工具，代之以能够反映群体智慧的评价方式呢？这种社会化的评价机制，可能就存在于社交媒体中，存在于群体智慧中。世界是否进入了"后能力模型时代"？

五、基于大数据的人才测评

人才测评已经进行多年，不少人力资源服务公司都在研究如何才能更精确地进行测评。我们认为，大数据可以在这个领域大显身手。

为什么看好大数据测评？

马克思说过：人的本质是人的社会关系的总和。试问：在大数据时代到来之前，谁能够把一个人的"社会关系总和"搞清楚？

但是，社会上已经出现大数据"搜索引擎"。搜索引擎越多越好，信息仓库里的信息越多越好。有了这种搜索，不良分子已经难以遁形藏身。我们能不能反其道而用之——找寻到它的优秀面？大数据能够把人的各种信息踪迹迅速抓取、搜集在一起，并能够进行综合分析。所以，大数据方法是人才研究的利器，也是人才测评的利器。但是，一定要注意道德与法律问题。

更深一层的意思：对于人才测评，不宜将对象分得过细。过细了，便什么也找不到了。不过，能否通过人才品质测评人才，目前尚存争论。先来看看反方，美国一位著名教授的观点。哈佛大学校友汉德法官，在写给哈佛大学校长洛威尔的一封信中说：

"如果有人能设计出一套诚实的品性测试方法的话，它或许会很管用。但除了能发现显而易见的不良行为外，我怀疑它的可行性。总而言之，在我看来，只能通过学识来选拔学生。"

在讨论人才测评的时候，有一个动态值得关注：计算机识别人的面部表情技术。

当你打开视频网站看到一则广告时，禁不住流露出惊喜的表情。这时，摄像头提示灯忽然闪了闪，这是什么意思？实际上，这是在对你进行测试，包括眼睛定位，寻找嘴部水平中心线，xyz 轴建模，眼轮匝肌、皱眉肌、颧大肌各块肌肉的位移，数据传回，数据库表情匹配。

计算机对人面部识别技术准确率达到 96.9%。对更复杂的复合情绪识别率达到 76.9%。有家美国公司专门为顾客提供情绪反应数据。此方法还可以用来进行表情测谎。原理是：人们进行虚假和真实的感情表达时，使用的大脑映射不同，因此反映在面部肌肉动作上也有不同。这样微妙的变化人类很难区分，对计算机来说却很容易。

笑是人的表情的一个最基本的动作。但是，一般人对笑的详尽分类并没有注意，认为就那么几种。实际上笑有 27 种之多。对于这么多种的笑，靠人的肉眼是分不清的。但是计算机可以做到，可以在千分之一秒之间，捕捉到是哪种笑。它靠的是对面部肌肉的微细动作的分析。也就是说，计算机加上大数据，可以通过模型来分析一个人的笑到底是一种怎样的含义。这对研究知人之术是一种有价值的参考。

六、基于大数据的人才使用

在每个企业里面，都会产生大量的数据踪迹。通过分析员工之间的沟通数据，不仅能够了解员工个人的表现，而且能够掌握团队的合作状况，从而能够采取有效措施提高企业内团队的合作效率。甚至在团队组成之前，就能预测出队员间的合作情况，以及可能出现的问题。

利用传感器和数字沟通记录，可以帮助公司高层知道不同团队擅长完成何种类型的任务，从而创造出"团队指纹"，也就是他们中的职工与什么类型的任务能够做到相互匹配。

建立团队指纹，不仅会让这个团队在某一个特定项目中获得成功，而且会让公司长期受益。

七、基于大数据的人力资源考核

考核是人力资源管理的重要环节。没有考核就没有管理。

在谈到考核问题前，我们先来认识一个在美国已经出现的奇妙东西——社会传感器。

社会传感器是一种具有多种感应功能的装置。最初，它只包含一个红外线收发器、一个麦克风和两个加速度传感器，并在被严格控制的条件下使用。经过改进，传感器增加了显示功能，可以显示滚动信息，还可以戴在脖子上。后来，增加了一个蓝牙无线电设备，一次充电可持续搜集40小时，甚至可以做到无线充电。

传感器搜集信息包括两部分内容，即个人的（如是否抑郁）与社会的（与他人的交往）。重点放在互动模式与汇总统计上，它所关注的是不同部门之间如何协作。项目的每个参与者都可以随时删除自己的数据。

在美国，不少公司要求职工一上班就打开计算机记录你一天的工作。由于有了社会传感器，有了计算机对你一天工作的详尽记录，考核就变得十分简单。组织可以通过软件记录员工每天的工作量、具体工作内容、工作成绩，然后使用云计算处理，分析这些数据信息，据此可以清楚知道员工的工作态度、忠诚度、进取心等。基于大数据，考核就变成"人在干，'云'在看"。

既然考核已经进行，那么，根据考核结果，就可以按劳分配，将不同的薪点与对应的薪酬数量确定下来。有了大数据，对有的组织来说，可以实现"提前考核"。在国内，有的电商利用大数据，能够提前预测出每个员工的工作业绩。比如商品销售额任务是否能够完成，过去只能在年底算账，现在则可以提前预知，并适时对员工予以指导。那么，管理者是怎样知道哪个人无法完成预定指标呢？

原来他们通过大数据方法建立模型，将三个数据联系起来：第一个是"询盘价"，就是前来点击询问的商品价；第二个是下单价，要购买的总共的商品价；第三个就是实际发生的交易价。这三个数据之间有一定的比例关系。

八、基于大数据的人力资源薪酬

实际上有了基于大数据的人力资源考核，确定薪酬就有了办法。

大数据在薪酬方面的应用，首先在于对企业内薪酬的测定。这个不难，只是个计算问题。其次还在于对本行业薪酬水准的把握。为了获得国内外同行之间的竞争力，需要参考大数据为你提供的数据来调控本企业薪酬水准。云计算技术使你能够快速解决此类问题。

在谈论薪酬问题的时候，还需要认识一种小东西——社会关系测量器。社会关系测量器是干什么的？

西方国家早就时兴薪酬谈判。就是给你发多少薪酬，劳资双方有一个谈判博弈过程。美国有个叫彭特兰的人，是研究人类动机学的学者，依据大数据原理研究出来一种叫社会关系测量器的新发明。它能够记录在人们无意识情况下输出和处理的信号。彭特兰说，只需 30 秒的社会关系测量数据，就可以预测出双方在未来薪酬谈判中扮演什么角色。据说它的准确率达到 95%。在薪酬谈判中，它有助于洞察谈判对手，提前使自己处于主动地位。

九、基于大数据的人力资源培训

当前，人力资源培训的一个重大特点就是在线教育人数大增。在线教育浪潮在美国涌起。一系列智能网络学习平台成为投资重点。著名的在线教育公司与普林斯顿和伯克利、宾夕法尼亚等大学合作，在互联网上免费开放大学课程。

这些学校的课程可以实现全球几十万人同步学习。分布在全世界的学生不仅可以在同一时间听取同一位教师的授课，而且可以和在校生一样，做同样的作业，接受同样的考试和评分。

我们国家也不落后。国家开放大学携各分部、行业（企业）学院、地方学院、学习中心等，与相关行业、企业与工会系统等开展了广泛合作，面向生产和服务的一线职工开展培训活动，实现了产业工人不必耽误工作就能学到与自己职业息息相关的知识，并能获得相应证书。

开放大学是 20 世纪 60 年代出现的世界高等教育领域的一种新型学校。这种大学强调开放教育，强调利用现代信息技术与教育教学的深度结合，向有意愿学习、有能力接受高等教育的人提供学习机会和服务。

英国开放大学是世界上最早成立的开放大学。开放大学由于其独特的教育理念、价值取向和社会效益，日益受到国际社会和各国政府的高度重视。在我国发布的教育规划纲要中曾明确提出，要"大力发展现代远程教育""办好开放大学"。目前，开放大学正在围绕促进全民学习、终身学习、学习型社会建设而进行积极探索。

与此同时，越来越多的培训机构开始开发专业的网络培训软件，供用人单位根据自身需要选择购买。这些软件能够忠实记录每个员工的学习行为数据，并将其归入员工个人学习档案，生成个人学习曲线图，反映个人学习成长过程。

专栏——微课与慕课

微课：2008 年，美国新墨西哥州圣胡安学院的高级教学设计师、学院在线服务经理戴·彭罗斯，将原本几十分钟、几个小时的课堂内容提炼出要点，制作成十几分钟的微型视频课堂。自此，微课概念出现。

慕课：它是以信息技术为基础的更大时空背景下的课程，是在世界范围内任何人都可以自由出入的大学堂。其最不可思议的创举是：进入名牌大学名教授的课堂，竟然可以分文不付。

以互联网与大数据为基础的新的教学生态是：单向传播变为互动传播，通过订阅信息能够构建自己独特的知识结构，废除大学围墙与教室，学习可以随时随处进行，而且不受经费的限制。目前，中国石油大学联合其他院校已经整合构成了1万多学时的"泛在学习资源库"，并开发了适合手机、平板电脑、计算机等多种终端进行学习的方式。

现在，越来越多的企业开始购买网络培训课程。这不仅能够节省培训支出，而且能够记录每个员工的学习行为数据。不仅能够知道每个员工学习情况如何，而且能够根据实际情况给每个员工量身定制课程，提升培训效率。

大数据、互联网、云计算能够把行政办公、教学管理、学生管理、教学资源管理、一卡通集成在一个统一的门户下，为全校师生提供一站式服务。在福建化工学校，每个学生都有一个终身账号，也就是他的学号，即使毕业了，只要有一部手机（或者能联网的计算机），都可以进入学校的数字校园平台学习。学生在工作之后仍可以"回到母校"，开阔视野，参加终身学习。

飞行员培训也可以基于大数据。在飞机上有一种与黑匣子一样重要的东西，叫作"快速存储记录器"，又称QAR（Quick Access Recorder）。实际上是一种带保护装置的飞行数据记录设备。它的功能是通过在飞机机身安装的几千个传感器，搜集到从飞行员走进机舱到飞机落地的全部操纵动作数据。

美国通用电气（GE）公司采集了5500多架飞机的7800多万小时的飞行数据，从中整合出4600多个预置飞行模型，形成了一个强大的数据库。它的功能是能够帮助航空公司实现智能化飞行。这个数据库帮助我国春秋航空公司精确还原了3年内的23万项飞行数据，能够看到每一个细小操作，并对飞行员的操作习惯进行了跟踪。之后又对数据进行了深度分析，在日后培训中有针对性地改善飞行员的不良驾驶习惯。

十、基于大数据的实际操作考试

考试的类别较多，这里仅举一例来说明利用大数据改进的方式方法。

实验操作考试是目前中考的一个项目，但是操作起来比较困难。以山西太原市的一场中考为例，传统的实验操作考试是这样的：全市分物理和化学两个考场，每天考14场，每场15分钟，场次间隔20分钟。每个考场24名考生，12名监考评分教师，每个监考评分教师负责2名考生。一天之内，每名教师只能监考

28 名考生。在每场间隔的 20 分钟内，教师还要整理仪器，调整摆放位置。由于教师数量不足，持续时间长，劳动强度大，历来都是实验操作考试的难题。另外，人为的监考评分，难免有失公允，也成为考生及考生家长担心的问题。

太原市教育局在中考理化实验操作考试中，利用现代信息技术手段，在大数据的助力下，创新了考试形式，取得了良好的效果，受到普遍欢迎。

太原市教育局的做法是：成立太原市理化实验操作考试领导小组；在太原市教育装备中心设立实验操作考试工作办公室，研究实验操作考试必须使用的科学手段；在专业公司的技术支持下开发出"互联网＋实验操作考试评价系统"。该操作系统由操作云数据管理中心、考场设备（包括网络摄像头、考生终端、考点管理软件）组成。能够实现考生、学校、考题、考场等所有数据信息化管理，视频监考，实验过程记录，并通过互联网传输至数据库，进行后期追溯与大数据分析。

这种新型的实验操作考试方法已经装备了 41 个考点、82 个考场。在每个考场考生的考题是由每组的第一个考生随机抽取的，抽取过程在大屏幕上实时显示。进入考场后，每个实验台上都有一个数据盒，两旁固定着两个高清摄像头，考生实验操作全过程通过视频数据传输到云数据管理中心，监考老师现场评分，经学生确认后，即时输入分值，提交数据中心，整个考试过程高效、透明、客观、公正。

即使在考试成绩公布后，如有疑问，也可做即时查询。网上阅卷也在很大程度上解决了实验操作考试打分公平性问题。通过实验考评系统的大数据分析，还为实验教研积累了大量真实的基础数据，为实验教研的开展提供了坚实基础。

十一、基于大数据的人才评价

很多中国人喜欢唐诗。问：你知道哪位唐代的诗人最受欢迎吗？这个问题有点不好回答。因为人们的喜好不同。有人喜欢慷慨激昂的诗，有人喜欢温柔细腻的诗；有人喜欢五言，有人喜欢七律；有人喜欢禅意，有人喜欢朦胧。但是，能不能综合起来，把最受欢迎的诗人找到呢？

回答是能够。这就要通过科学的评价方法。

最近有人通过对四个方面的数据搜集，对最受中国人喜欢的唐诗进行了排序，出版了一本《唐诗排行榜》。这四个方面是历代选本人选唐诗的数据、历代点评唐诗的数据、20世纪研究唐诗的论文数据、文学史著作选介唐诗的数据。另外，互联网上的阅读、评论、载录也统计在内。对这些数据按照一定的方法进行加权处理，按照得分多少，自然就可以把最受喜爱的唐诗找出来，最受喜爱的诗人也就凸显出来了。

大数据还能够评价出诺贝尔奖得主。世界著名的汤森路透公司曾经准确预测到谁是某个年度的获奖者，准确率高达8/11。

人们不禁要问：他们是怎么预测准确的呢？途径就是凭借大数据。他们说："预测的力量来自引文分析，因为论文之间的引用是基于每个科研人员的学术判断，因而引文数据库就蕴藏了全球科学家的群体判断，并反映出科研活动的延续性和知识的传承。基于大数据的信息分析能够为科技规划和决策提供多方面的支持，包括了解科技革命的趋势、发现机会和风险、制定合理的发展目标指标、根据评估研发投入的产出情况来优化资源的分配等。"

从这里也可看出，大数据在人才发现、预测、预判方面确实可以大显身手。

十二、基于大数据的人力资源管理优化

当我们谈到人力资源管理的时候，首要的就是："那个人今天上班了吗？"如果连一个人今天上班还是没有上班都搞不清，那么，所谓人力资源管理就成了一句空话。

关于上班，首要的又是"点卯"，也就是签到。《西游记》中把签到叫"点卯"。卯时就是5～7点，可见古时候对上班也是有时间要求的。从新中国成立后到今天，先后经历过"签到""点名""刷门卡""刷指纹"几个阶段，现在又出现了连接企业Wi-Fi和微信摇一摇等方式，这也叫"移动签到"。除此之外，通过微博、微信、QQ社交平台，打开地理地位，加配个人工作照片，正成为当下企业最新的考勤方式。

据我所知，最早想到改变点名考勤方法的是一位美国教授。为了对付学生逃课他想了各种各样的办法。最简单的是"教授点名"，逐个签到，这适合学生较

少的情况，如果几百名学生一起上大课，就不灵光了。后来有个教授把一种叫dicker 的神器引入课堂，学生只要在课堂按一下，系统就会自动记录下其出勤情况。当然，这个神器还可以用来为学生释疑解惑，一举多得。近年来，随着智能手机的发展，APP 在我国校园中开始发挥提高学校综合管理能力的重要作用。有方便起床、饮食、读书、选课的 APP，点名功能自然也在其内。不需要纸笔，不需要刷卡，学生只要带着手机进入教室，系统就会自动记录考勤。应该说，是大数据、云计算使一些很难管理到位的事情轻松做到了。

华东师范大学一名女生曾经收到来自学校"勤助中心"的一条短信。短信问："同学你好，发现你上个月餐饮消费较少，不知是否有经济困难？如有，可电话、短信或邮件我。"实际上，那位女生是为了减肥而减少了饭卡支出，没想到，引发了学校饭卡消费数据监测系统的关注。这个监测系统通过饭卡消费数据分析学生的经济状况，推测如果花销显著少于正常状况，校方就会考虑是否应该采取必要的干预措施。这名女生十分感动。她就把这条短信截图发到了微博上，引发了人们的一片赞扬声。人们说："负责的学校，让冰冷的数据有了人性之美！"

大数据不仅能对个别学生关怀备至，还能大面积导航学生成长。据《中国教育报》报道，上海市闵行区依托大数据，致力于教育管理信息化取得明显成效。学生进出校门，刷一下电子学生证，从其到校、离校时间，就能看出学校是否经常延迟下课、放学时间。这个电子学生证，又是学生健康卡、借书卡，还能了解学生参加了哪些体育运动项目与社会实践活动等。

学生的电子档案包括 4 个维度、14 个一级指标、38 个二级指标、53 个三级指标，具体包括身心健康、学业进步、成长体验、个性技能。家长和老师能够通过这个档案实时了解学生成长的点滴进步与潜在问题。

大数据管理人力资源还包括从反面来做事情。例如对进入人才市场人员的筛查。国内有家利用大数据的人才交流机构发现，市场上来来往往的寻职人流中，有万分之一的属于在逃犯。如何防止他们危害社会是一个必须引起重视并应采取相关措施的问题。有的市场已经开始实行人员筛查，成效突出。

这个问题涉及人事系统与公安系统的配合，合作双赢。所以，不能搞信息孤岛，信息封锁，老死不相往来。

大数据研究青年专家周涛在讲解大数据管理的时候，讲了这样一个故事：

他们从成都电子科技大学 3 万多名在校生那里，采集到 2 亿多条关于学生的行为数据。这些数据的来源包括学生的选课、进出图书馆和宿舍、在食堂用餐、到超市购物等方面的记录。通过对学生不同 ID 卡"一前一后刷卡"记录，可以发现一个学生在学校有多少亲密的朋友，如恋人、闺蜜、死党等。他说，通过数据分析，发现了学校里有 800 多个最孤独的人，因为在平均两年半的时间里，他们一个死党都没有。在这些数据的背后，说明这些学生存在一定的社交障碍。其中 17% 可能产生心理疾病。由此，他建议学校应该采取适当措施，对这些学生更加关注，有针对性地帮助他们解决心理问题。

大数据在社会性人力资源管理方面也能够大显身手。《中国青年报》曾报道，安徽省芜湖市镜湖区法律援助中心的一名律师，长期关注未成年人案件。以往坐在办公室里，等待家长上门求助，因为不知道需要帮助的孩子是谁，一年下来大致办不到 10 起案件。可是现在已经增加到 30 起。这是为什么呢？

原来，作为全国首批智慧城市，打破了政府部门间的信息壁垒，公安、市容、人社等多个部门信息共享，建立起大数据信息平台。现在信息内容已有 56 个大类、8.3 亿条信息。只要在"信息搜索"栏设置条件，就可以找到辖区内应该重点关注的青少年。过去服刑人员的未成年子女数据很难掌握，如今在保护其隐私的前提下，利用大数据平台能够准确获得相关信息，从而可以"悄悄地"上门服务，进行帮扶，化解矛盾。

大数据还有助于组织机构精简。比尔·盖茨早就指出，信息高速公路开通之后，公司的结构将发生演变。要削平各大公司通常具有的等级差别。只要通信系统足够良好，公司就无须设立那么多管理层。曾经作为上下级指令传输链条上的中间管理人员，现在也不再显得那么重要了。

工业化带来的金字塔式管理层级结构，一方面带来了较高的控制力，另一方面带来了官僚主义。伴随着信息技术的发展，组织里较低层级的员工也可以掌握大量信息，原来纵高式的组织架构就失去了存在的意义，于是扁平化在西方企业将成为潮流。大数据的出现加快了这个过程，像中国"小米"这样的企业，也出现了扁平化趋势，员工的主动性、创造性进一步得到发挥。

大数据时代的发明层出不穷。全球知名的人力资源管理服务商 Peoplesoft 公司提出"我的个人服务平台"概念,利用信息系统增加员工服务,改进了员工关系,提升了管理质量。通用汽车公司则推出了一个名为"我的苏格拉底"的自助服务网站,使原来 150 名管理储备人员减少至 4 人,等于精简了臃肿的中层工作人员。

第三节 加快大数据行动,关键是要做起来

人力资源管理大数据怎样做起来?《促进大数据发展行动纲要》指出:要持续人才培养模式,建立健全多层次、多类型大数据人才培养体系。大力培养具有统计分析、计算机技术、经济管理等多学科知识的跨界复合型人才。积极培育大数据技术和应用创新型人才。依托社会化教育资源,开展大数据知识普及和教育培训,提高社会整体认知和应用水平。

麦肯锡全球研究所的一份报告认为,未来 6 年,美国需要 150 万精通数据的经理人员、14 万 ~ 19 万数据发现专家。中国需要多少大数据人才?目前没有统计。

一、领导要重视这项工作

贵阳市在这方面已经走在了全国前列。这件事好像不大好理解。为什么这么讲呢?因为贵阳在我国西部,社会经济发展比较落后。但是,经济社会发展的落后,并不影响在大数据方面领先,我们在这方面与世界发达国家的距离并不大。

贵阳在大数据发展方面,有了 7 个全国第一:中国第一个大数据重点实验室,中国第一个全域公共免费 Wi-Fi 城,中国第一个块数据公共平台,中国第一个政府数据开放示范城市,中国第一个大数据交易所,中国第一个大数据产业集聚区,中国第一个大数据博览会和峰会。

而且,贵阳市大数据发展已经取得不少实际成效:引进大数据项目 150 多个,投资总额达到 1402 亿元,产业规模达到 605 亿元,引进全球顶级大数据企业 11 家。

目前,已有 20 朵云在贵阳落户。它们是食品安全云、电子商务云、社区服

务云、智慧农业云、智能交通云、医疗健康云、教育云、环保云、旅游云等。

在中国，贵阳能够做得到，恐怕哪里都可以做得到。关键在于重视不重视。

二、要提前做好人才准备

大数据人才是当前社会最为短缺的人才。正因为短缺，应该加紧培养。特别是对应用型人才的培养。

大数据人才从能力构成上讲是多元的。神州数码董事局主席郭为认为，关键是三种能力：IT 技术能力、数学统计能力以及业务能力。IT 技术能力包括软件和硬件能力，数学统计能力包括数据挖掘能力，业务能力强才能科学建模。就大数据人才类型而言，有人认为，包括数据规划师、数据工程师、数据架构师、数据分析师、数据应用师、数据科学家等。只有实现大数据人才的多元构成，才能实现应有的功能。

三、要勇于探索，真的做起来

我把大数据的实际应用理解为这么几个步骤：理解大数据（懂得知识），借用大数据（开放共享），做个小数据（小试一把），养个大数据（积水成渊），开发大数据（价值回报）。

既然大数据这么重要，那个人从何做起呢？可以从养数据做起。从个人的工作职责思考，也可以从个人爱好出发思考，到底从哪里养起。养是个爱好，是个过程，是种积累。结果呢？积土成山，风雨兴焉！

假如你从事的是人力资源市场工作，那么，你就可以从今天开始关注并记录有关人力资源市场的一些数据。比如，从业人员 40.7 万人，行业年营业收入 8058 亿元，比 2013 年增长 1113 亿元，增长率达到 16%。这是全国人才中心副主任陈军在全国人力资源服务业发展高级研修班上讲的，很可靠。像这样的数据记录，一年两年看不出什么，时间长了，就能够看出名堂，发现一些规律性的东西。

所谓"飞轮效应"，是你设想一个平放在地上有支撑的钢铁巨轮，你想推动它，艰难之极。现在，你开始努力，持续不断地用一个大铁锤敲击它，它开始微微动了起来。这时，不要放弃继续敲击，飞轮开始转动起来，而且越转越快。这时，你只要轻轻推动它一点点，它就会产生巨大的效果。大数据也可以借助这个概念，从一点点数据积累开始，慢慢地形成"大数据效应"。

任何事情都有简单与复杂之分。大数据也是一样。简单分析比如现状分析（大学生就业）、关于某一项事情的分析（生产成本变化状况）；复杂分析比如年度收益预测分析、五年行业发展趋势分析。现状分析多为描述性的，预测分析多为预判性的。所以后者比前者复杂。万事开头难，有了开头，逐渐尝到甜头，就增加了自信心，也会逐步走向大胆应用。另外，如果刚开始借用第三方数据，之后开发自己的数据，也叫从简单到复杂。

问题的另一面是整个社会要理解数据开放的重要性。大数据要求数据开放，如果各个系统、各个单位都把自己掌握的数据把得紧紧地，不给他人使用，那么大数据就很难搞成。

据国内媒体报道，新华社人事局围绕人力资源大数据管理问题进行了积极探索。他们采用的数据标准是《全国组织人事管理信息系统信息结构与体系标准》，并以此为基础，涵盖在职人员、退休人员、调转人员、返聘人员、海外雇员、外籍专家等多类人员。数据内容包括全社各类人员的基本信息、相关业务信息。人均信息近400项，累计信息数量达百万级以上。为了拓宽信息库的内容宽度，他们还采用了面向全体人员的在线学习采集以及在线办理。与此同时，他们还利用信息网络，形成了"以岗为点，以点结线，以线成网"的信息管理与服务平台。目前，新华社人事局的同志们已经开始利用大数据分析人力资源形势，为人事管理决策提供建议，如应届大学毕业生招考趋势分析、派驻国外境外分社人员报考意向分析、人才队伍建设总体情况分析等。新华社人事局的同志说，是大数据点亮了人力资源管理系统的"大智慧"之灯。

四、大数据应用中值得注意的几点事项

当我们重视大数据的时候，首先要注意量力而行，也就是从自身实际出发。比如，自己的公司、单位小，实力有限，那就没有必要投入很多资金干这件事。但是，应该懂得大数据能够干什么，了解其工作原理，做个明白人。等到公司实

力大了，可以做了，再把它做起来。

当我们重视大数据的时候，还要明白任何事物都具有两面性。大数据的副作用是可能侵犯个人隐私。大数据无疑能够搜集每个人的大量数据，这就隐含着个人数据被利用的风险。如何防止个人数据不被利用，就成为一个值得重视的问题。据媒体报道，很多人须臾不能离开手机，如果你下载了某个软件，很可能会有20多项你自己不愿意公开的信息被自动搜集给了软件开发商。如果你戴上了公司发给你的社会徽章，那可能你的一举一动包括一天上了几次厕所都被记录下来，且都能够查询清楚。所以，国外学者呼吁要实行个人数据、信息的立法保护。这是十分必要的。

当我们开始重视大数据的时候，最重要的是牢记"以道驭技"四个字。为什么？因为大数据毕竟是一种工具、一种方法。用这种工具和方法干什么、怎么干才是最重要的。

上海松江警方破获一起上海某大学城某大学两名大学生入侵校园网数据库案件。该校为提高学生身体素质，每学期要求大学生清晨参加数十次长跑锻炼，制度沿袭已久。但是，越来越多的学生不愿参加此项活动。因此，收费代跑的事情应运而生。雇人代跑已经高达每人次300元。而其他高校一般每人次15～30元。请不起代跑，又没有钱怎么办？陈某与张某通过黑客手段侵入学校内网的体育成绩系统，使自己的晨跑数据轻易达标。此后就做起了生意，每篡改一次记录收费15～20元，短短4个月非法获利数万元。

我们主张工具理性要与价值理性相结合，也就是要坚持以道驭技、以道驭器。有了正确的发展方向，加上科学有效的方法，我们的人力资源管理就一定能够迎着21世纪的曙光，跃上新的层次。

第四节 传统人力资源管理的现状及问题分析

人力资源管理发展至今，主要经历了从人事管理、人力资源管理到战略人力资源管理三个阶段。自20世纪90年代以来，战略人力资源管理获得了长足发展，将人力资源管理职能与组织的战略性目标结合起来，强调人力资源管理在达成经营目标中的战略性角色。在战略人力资源管理阶段，人力资源部门真正成为业务部门的战略合作伙伴。人力资源管理的各个职能相互融合，为业务部门提供指导、支持与帮助，最终服务于企业总体目标的实现。目前，我国大多数企业的人力资源管理还处在第一或第二阶段，即以"事"为中心，将人视为一种成本，强调对人的控制与管理，无法把员工需求与企业发展相结合，更无法实现人力资源开发的战略价值。

信息技术的飞速发展，尤其是大数据时代的到来，使得企业每天要接触处理的信息量逐渐变大，这种爆炸式的数据增长在人力资源领域尤甚，人力资源管理人员会涉及种类多样、数量庞大的信息群，如人员时间利用数据、劳动报酬与收入数据、人力成本数据、安全与保障数据、绩效管理数据等。另一方面，移动互联网正在改变着人们的学习、工作、生活和社交方式，人们更加习惯于在虚拟空间中分享思想和想法，表现自己的情绪与情感。这些既给人力资源管理带来了挑战，同时也为战略人力资源管理的实现提供了机会和技术支持。传统人力资源管理问题凸显，基于商业智能和大数据的人力资源管理正获得长足发展。

传统人力资源管理主要指的是人事管理阶段或人力资源管理阶段，它虽然涉及企业人力资源管理的主要内容，包括人员信息管理、薪资管理、员工培训、绩效考评、考勤管理等，但也主要是完成对人力资源数据的录入、存储、查询和统计等管理工作，并不能真正体现人力资源管理的价值。具体表现在以下几个方面。

一、过分依赖表单和文牍

在传统的人力资源管理中，各项人力资源管理职能的履行主要依赖各式表格和文件。表单管理看似规范有序，实则烦琐僵化。例如，绩效管理作为人力资源管理中最具价值的部分，在传统的表单管理模式下，主要表现为要求员工填写各式各样的考核表，这一方面增加了员工的工作负荷。另一方面，当有部门或人员没有提交考核表时，人力资源人员需要不断催促和通知，在无形中形成了人力资源部门和业务人员之间的隐性冲突。另外，绩效考核指标往往是由业务部门的管理者一手设定，其评价内容、评价权重、评价者的设定也很少有人力资源人员的参与。人力资源人员只是负责制表、回收和分数汇总，不能从专业角度给出意见和建议，无法体现出人力资源管理的价值。

二、数据多为定性且浪费严重

除了绩效考核与薪酬模块，传统人力资源管理系统收集的数据多为定性数据，定量数据所占比重很小。究其原因，传统人力资源管理以经验模式为主，依赖的是管理者个人的经验和直觉。因此，人力资源管理者通常只做定性分析，缺乏充分的数据支持。例如，员工培训需求的评估主要依靠业务管理者和人力资源管理者多年积累的经验进行，然后据此制订公司的总体培训项目计划。在培训完成后，由人力资源管理者根据受训者的主观感受或者受训者培训前后的业绩变化对培训的总体效果做简单的评估。由于影响员工业绩变化的因素很多，只对比受训者培训前后的绩效很难对真正的培训效果做出有效的评定。另外，传统的人力资源管理对信息的利用非常有限，大量的有效信息资源被闲置浪费。根据 IBM 公司一项调查，一般企业对于储存信息的使用率只有 2% ~ 4%。而且由于大量的表单管理，各类信息是彼此割裂分离的，这也增加了企业的使用难度。例如，招聘、绩效、薪酬模块的信息并不同时存在于一张表单上，人力资源管理者很难全面追踪一名员工的人力资源使用与开发状况。

三、提取有效信息困难

在典型的传统人力资源管理系统下，一个常见的联机事务处理系统通常由多个事务处理应用构成，同时每个事务和每一分钟的业务细节都记录在与事务应用关联的数据库中。在这个庞大的数据流中，人力资源经理需要具备识别数据有效性的能力，以此来判断提取哪些数据将帮助我们实现对人力资源管理的量化评估。例如，借助人力资源效用指数的评估方法，人力资源经理需要从人力资本能力、人力资源运作能力等几个方面来提取具体可衡量本企业人力资源管理效用的各项指标，并且定义每项指标的数据来源。事实上，许多人力资源经理陷入大量不同的申请表格和毫无联系的报表当中，难以在短时间内识别有效数据，更无法对数据进行整合来评估人力资源管理的价值。另外，对于公司高层管理者来说，从规模庞大、数据完整但"事无巨细"的系统中直接获取对他们进行宏观决策时所需的数据是很困难的，人力资源经理也很难向高层清楚地表达他们所创造的价值。

四、结果应用不尽如人意

人力资源管理的主要工作是数据的录入、存储、查询和统计等，很少有涉及支持企业战略决策的功能。目前，人力资源管理软件主要应用于一般的作业管理，如工资计算、人员信息记录等，对于数据的分析，如员工考核数据、工资结构数据等都应用得不尽如人意。所以，企业很难通过人力资源管理系统了解企业整体绩效状况、修正企业考核制度、提出成本控制方案等。另外，一般情况下，人力资源系统只保留最近 2 ~ 3 年的数据，但是如果进行趋势分析或策略分析，又要求以大量的历史数据为基础。这就意味着一方面企业需要一个能完整保留大量历史记录，又能提供快速查询分析的数据环境；另一方面，这样的数据环境又可能会影响到人力资源数据库的操作与维护效率，甚至干扰其正常运行。

参考文献

[1] 周凯，胡玥. 网络经济：市场、传播媒介与多元治理 [M]. 长春：吉林人民出版社，2021.

[2] 曹怀虎. 面向大数据的网络经济学研究 [M]. 北京：经济科学出版社，2021.

[3] 朱楚楚. 数字经济背景下群企业网络化战略行为模式及其对创新的影响机制 [M]. 杭州：浙江工商大学出版社，2021.

[4] 白泉涌. 流网络空间经济学 大数据关联流的计量与分析 [M]. 北京：经济日报出版社，2021.

[5] 王芳. 网络社会治理 [M]. 北京：商务印书馆，2021.

[6] 侯登华. 共享经济下的网约车法律制度研究 [M]. 武汉：华中科学技术大学出版社，2021.

[7] 刘国梁. 网络经济与企业经营研究 [M]. 哈尔滨：哈尔滨出版社，2020.

[8] 章惠萍. 网络经济行为的法律规制研究 [M]. 杭州：浙江工商大学出版社，2020.

[9] 李萌昕. 信息时代的经济变革 网络经济与管理研究 [M]. 昆明：云南人民出版社，2020.

[10] 麻元元，秦成德，刘扬林. 网络经济学基础 第 2 版 [M]. 北京：清华大学出版社，2020.

[11] 乐俊杰. 网络经济与电子商务经济学研究 [M]. 天津：天津科学技术出版社，2020.

[12] 高博. 电子商务与网络经济理论研究 [M]. 成都：成都时代出版社，2020.

[13] 邢宏建. 网络经济中的竞争行为与竞争策略 [M]. 北京：经济科学出版社，

2020.

[14] 肖雯雯，王莉莉.超网络视角下海洋经济发展研究 [M].北京：中国财政经济出版社，2020.

[15] 袁国宝.新基建 数字经济重构经济增长新格局 [M].北京：中国经济出版社，2020.

[16] 沈超编.网络谣言群体态度研究 [M].北京：北京邮电大学出版社，2020.

[17] 车冰清.国家联系网络的结构演化 [M].南京：南京师范大学出版社，2020.

[18] 王成亮.服务创新与服务价值网络研究 [M].北京：企业管理出版社，2020.

[19] 杨晓兰.网络大数据与股票市场关联机制研究 [M].上海：上海财经大学出版社，2020.

[20] 张晓静.亚太区域生产网络变迁与中国自贸区战略研究 [M].北京：对外经济贸易大学出版社，2020.

[21] 张彬.数字经济时代网络综合治理研究 [M].北京：北京邮电大学出版社，2019.

[22] 李娜.电子商务与网络经济理论研究 [M].长春：吉林教育出版社，2019.

[23] 周志太，翟文华.基于经济学视角的协同创新网络研究 [M].北京：中国社会科学出版社，2019.

[24] 王万举.中国网络文学概论 [M].石家庄：花山文艺出版社，2019.

[25] 刘冰.网络营销策略与方法 [M].北京：北京邮电大学出版社，2019.

[26] 靳戈.中国网络视频产业发展战略研究 [M].北京：光明日报出版社，2019.

[27] 熊秉元，叶斌.经济学大家谈 [M].北京：东方出版社，2019.

[28] 王宛濮，韩红蕾，杨晓霞.国际贸易与经济管理 [M].北京：航空工业出版社，2019.

[29] 刘凯.西藏经济社会发展 [M].广州：中山大学出版社，2019.

[30] 吕淑梅.陆岛网络 [M].南昌：江西高校出版社，2019.